高等职业教育经管类专业平台课精品教材
“互联网+” 新形态立体化教学资源特色教材

U0825519

管理学基础实训教程

主　编　张晓燕　王志峰
副主编　湛玉婕　李春侠　赵翘楚　倪　雪　孟庆才
主　审　祈　慧

中国轻工业出版社

图书在版编目（CIP）数据

管理学基础实训教程 / 张晓燕，王志峰主编．—北京：中国轻工业出版社，2022.6
高等职业教育经管类专业平台课精品教材
ISBN 978-7-5184-3899-0

Ⅰ．①管… Ⅱ．①张… ②王… Ⅲ．①管理学—高等职业教育—教材 Ⅳ．①C93

中国版本图书馆CIP数据核字（2022）第036826号

责任编辑：张文佳　　责任终审：李建华
整体设计：锋尚设计　　责任校对：吴大朋　　责任监印：张　可

出版发行：中国轻工业出版社（北京东长安街6号，邮编：100740）
印　　刷：艺堂印刷（天津）有限公司
经　　销：各地新华书店
版　　次：2022年6月第1版第1次印刷
开　　本：787×1092　1/16　印张：15
字　　数：350千字
书　　号：ISBN 978-7-5184-3899-0　定价：65.00元
邮购电话：010-65241695
发行电话：010-85119835　传真：85113293
网　　址：http://www.chlip.com.cn
Email：club@chlip.com.cn
如发现图书残缺请与我社邮购联系调换
211032J2X101ZBW

前　言

管理学是一门建立在经济学、心理学、行为学、数学等基础之上的综合性和实践性很强的应用性学科，是学习经济类、管理类专业的入门课程。正确认识管理在现代企业中的性质和作用，掌握管理的普遍规律、基本原理和一般方法，并能综合运用于解决实际问题，具备一定的管理能力，是现代企业优秀管理者必须掌握的一项职业技能。

本书结合高等职业教育培养技术技能型人才要求，高素质应用技术技能型人才需求所需的知识、技能和素质构建课程框架体系，既符合工商企业基层管理工作岗位的实际，又符合学生认知规律和教师教学规律。按照“以学生为中心”、教师好教、学生好学、立体化教材开发、活页式装订，模块化技能训练，突出知识应用及能力培养的思路编写教材。依据培养基层管理岗位的综合管理技能与素质为宗旨构建三级能力目标体系来安排教学单元内容，教学单元完整、翔实，符合管理者成长规律。本书编写主要具有以下4个特点：

（1）打破传统学科体系构建的理论课程框架，按照三级能力目标体系构建实训课程框架，符合管理者应具备的综合素质和能力成长规律。按照管理认知能力训练→管理理论运用能力训练→计划与决策能力训练→组织与人事能力训练→领导与沟通能力训练→控制与评价能力训练→创新与创业能力训练组建7个训练模块。

（2）新形态、立体化、活页式教材，“以学生为中心”组建教学单元。扫描二维码获取视频等教学资源，将纸质教材、在线课程网站线上线下教育资源有机衔接起来。

（3）知识点与技能点相结合。每个模块均包含课前自学→课中实训→课后拓展三个环节。课前自学提供了实训的知识体系储备；课中实训通过课堂模拟管理情境训练学生技能；课后拓展进一步通过训练提升学生的职业技能。

（4）高行动与高反思相融合。本书构建了团队共训、主动学习、深度反思的融合教学模式，将管理者应具备的综合素质和技能通过一个个分项目实训设计，让学生在实训中提高技能，在行动中反思，切实提高了学生分析问题和解决问题的能力。

本书内容可按照32～56学时安排实训，推荐学时分配为：模块一2～6学时，模块二4～6学时，模块三6～10学时，模块四6～8学时，模块五6～10学时，模块六4～8学时，模块七4～8学时。教师可根据专业人才培养方案要求和课程考核类型灵活安排学时。课前通过在线课程学习理论知识，课堂重点训练通过信息收集、交流讨论、汇报展示等方式训练学生管理技能。课后通过实地调研、管理辩论、管理游戏等方式进一步提升学生管理技能。

本书各模块理论知识详见以下链接。

中文版 http：//mooc1.chaoxing.com/course/80284788.html

英文版 http：//mooc1-1.chaoxing.com/course/213361443.html

本书由徐州工业职业技术学院张晓燕和王志峰担任主编，湛玉婕、李春侠、赵翘楚、倪雪、孟庆才担任副主编。具体编写分工为：模块一由王志峰编写，模块二由江苏华商企业管理咨询服务有限公司孟庆才博士编写，模块三、模块四由张晓燕负责编写，模块五由湛玉婕负责编写，模块六由李春侠负责编写，模块七由赵翘楚负责编写。倪雪负责绘图，全书由张晓燕统稿。

本书在编写的过程中参考了国内外相关优秀教材，以及管理技能测试量表，在此谨向有关作者致以衷心的感谢！

由于编者水平有限，加之编写时间仓促，书中难免有疏漏之处，恳请广大读者批评指正。

编者

目　录

模块一　管理认知能力训练

教学目标

知识目标

1. 掌握管理的基本概念和性质。
2. 掌握管理的基本职能，掌握管理系统的构成。
3. 了解管理机制的内涵和构成，理解管理方法的分类。
4. 理解管理者的含义、类型、结构和角色，掌握管理者的基本素质和技能要求。

能力目标

1. 初步培养自己的管理思维，能从管理系统的角度分析管理现象。
2. 能将管理的科学性与艺术性结合起来处理组织中的管理问题。
3. 有意识地培养自己的管理素质和技能。
4. 能运用管理机制和方法分析和解决实际管理问题。

素质目标

1. 具有团队合作精神和协作能力，小组能够协调分工合作完成任务。
2. 具备良好的交流沟通能力，能够有效表达观点并完成成果汇报展示。
3. 具备良好的信息素养和学习能力，能够运用正确的方法和技巧搜集信息、整理信息、分析信息。
4. 具有独立思考和创新能力，能够掌握相关知识点并完成实训任务。

思政目标

1. 具备正确的价值观，知晓企业管理的目的不只是提高经济效益，要懂得担当社会责任，回馈社会。
2. 提升素质和技能，具有强烈的事业心、高度的责任感、正直的品质及民主的作风。

思维导图

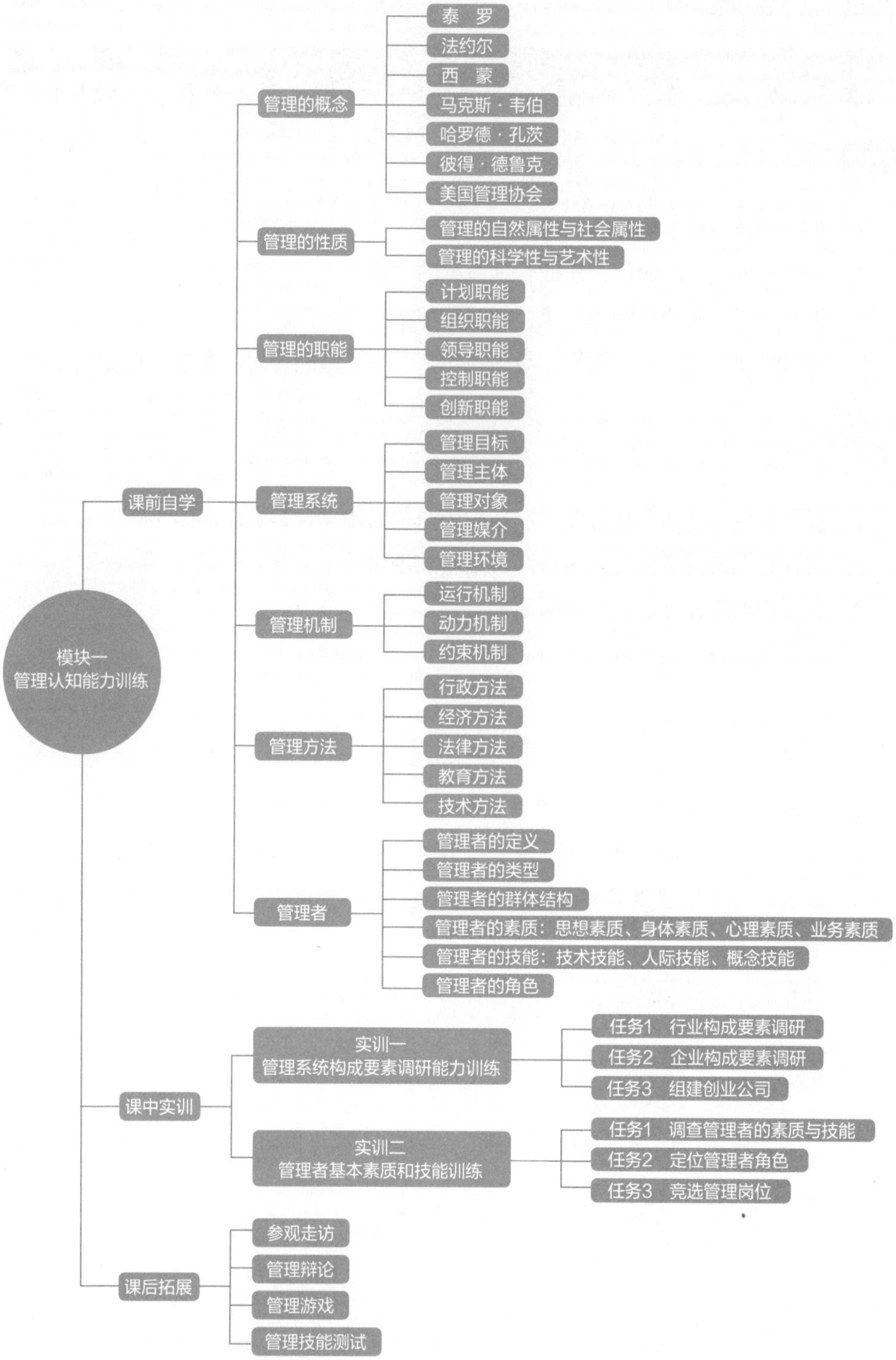
模块一
管理认知能力训练
课前自学
管理的概念
泰　罗
法约尔
西　蒙
马克斯·韦伯
哈罗德·孔茨
彼得·德鲁克
美国管理协会
管理的性质
管理的自然属性与社会属性
管理的科学性与艺术性
管理的职能
计划职能
组织职能
领导职能
控制职能
创新职能
管理系统
管理目标
管理主体
管理对象
管理媒介
管理环境
管理机制
运行机制
动力机制
约束机制
管理方法
行政方法
经济方法
法律方法
教育方法
技术方法
管理者
管理者的定义
管理者的类型
管理者的群体结构
管理者的素质：思想素质、身体素质、心理素质、业务素质
管理者的技能：技术技能、人际技能、概念技能
管理者的角色
课中实训
实训一
管理系统构成要素调研能力训练
任务1　行业构成要素调研
任务2　企业构成要素调研
任务3　组建创业公司
实训二
管理者基本素质和技能训练
任务1　调查管理者的素质与技能
任务2　定位管理者角色
任务3　竞选管理岗位
课后拓展
参观走访
管理辩论
管理游戏
管理技能测试

课前自学

一、管理的概念

1. 管理概念的多样化

管理学者们从不同的角度和侧重点，提出了大量关于管理的概念。

（1）泰罗（Frederick W. Taylor）：管理是一门怎样建立目标，然后用最好的方法经过他人的努力来达到的艺术。

（2）法约尔（Henri Fayol）：管理就是计划、组织、指挥、协调、控制。

（3）赫尔伯特·亚历山大·西蒙（Herbert Alexander Simon）：管理就是决策，决策贯穿于管理的全部过程。

（4）马克斯·韦伯（Max Weber）：管理就是协调活动。

（5）哈罗德·孔茨（Harold Koontz）：管理就是设计和保持一种良好环境，使人在群体里高效率地完成既定目标。

（6）彼得·德鲁克（Peter F. Drucker）：管理是一种工作，它有自己的技巧、工具和方法；管理是一种器官，是赋予组织以生命的、能动的、动态的器官；管理是一门科学，一种系统化的并到处适应的知识，同时管理也是一种文化。

（7）美国管理协会：管理是通过他人的努力来达到目标。

管理（management）就是通过计划、组织、领导、控制和创新，协调以人为中心的组织资源与职能活动，以有效实现目标的社会活动。

2. 管理概念的含义

（1）管理的目的是有效实现目标。

（2）管理的职能是计划、组织、领导、控制和创新。

（3）管理的本质是协调。

（4）管理的对象是以人为中心的组织资源与职能活动。

管理概述

二、管理的性质

（一）管理的自然属性与社会属性

（1）管理的自然属性——也称生产力属性。管理要处理好人与自然的关系，要合理组织生产力。

（2）管理的社会属性——生产关系属性，管理的过程中要处理人与人之间的关系，维护一定社会的生产关系的属性。

（二）管理的科学性与艺术性

（1）管理的科学性——正确反映客观事物本质和规律的知识体系，是建立在实践基础上并经过验证的理性认识。

（2）管理的艺术性——管理者具有创造性的才能和技巧，管理者能够熟练地、灵活地、富有创造性地运用管理原理、原则、制度和方法来达到管理目的的才能和技巧。

管理既具有科学性特征又具有艺术性特征。

科学是反映自然、社会、思维等客观规律的分科的知识体系。管理作为一门科学，是指把管理的规律性揭示出来，形成原则、程序、方法等系统化的理论体系，对管理者管理活动予以普遍性指导，分析、解决管理中的问题。

管理是一种艺术，也是一种创造。

管理的艺术性强调的是管理人员必须在管理实践中发挥积极性、主动性和创造性，因地制宜地将管理知识与具体的管理活动相结合，才能进行有效的管理。

三、管理的职能

管理职能是管理者实施管理的功能或程序，即管理者在实施管理中所体现出的具体作用及实施程序或过程。管理职能包括计划职能、组织职能、领导职能、控制职能和创新职能。

（1）计划职能是指管理者对未来发展目标以及为实现目标所安排的活动。

（2）组织职能是管理者为实现组织目标而建立与协调组织结构的工作过程。

（3）领导职能是指管理者依据组织所赋予的行政权力和非权力影响力去指挥、引导和激励下属，以有效地实现组织目标的行为。

（4）控制职能是指管理者为保证实际工作与目标相一致而进行的活动。

（5）创新是一种思想以及在这种思想指导下的实践，创新职能是一种原则以及在这种原则指导下的具体活动。

四、管理系统

管理系统，是指由相互联系、相互作用的若干要素和子系统，按照管理的整体功能和目标相结合而成的有机整体，有以下四层含义：

（1）管理系统是由若干要素构成的。

（2）管理系统是一个层次结构。

（3）管理系统是整体的，发挥着整体功能。

管理学系统构成：管理目标、管理主体、管理对象、管理媒介和管理环境。

（1）管理目标是管理系统建立与运行的出发点和归宿，管理系统必须围绕目标建立与运行。所有的管理行为都是为了有效实现目标。

（2）管理主体即管理者是整个管理系统的驾驭者，是发挥系统功能、实现系统目标最关键的力量。

（3）管理对象即被管理者管理的对象，作为管理行为的受作用一方，对管理成效以及组织目标的实现具有重要的影响作用。

（4）管理媒介主要指管理机制与方法，是管理主体作用于管理对象过程中的运作原理、实施方法和手段。

（5）管理环境是指实施管理过程中的各种内外部条件和因素的总和。

五、管理机制

管理机制是指管理系统的结构及其运行机理，包括运行机制、动力机制和约束机制。

（1）运行机制。运行机制是指组织基本职能的活动方式、系统功能及其运行原理。

（2）动力机制。动力机制是指管理系统动力产生于运作的结构与机理。动力机制是为管理系统运行提供动力的，由三方面构成：利益驱动、政令推动和社会心理推动。

（3）约束机制。约束机制是指对管理系统行为进行限定与修正的功能与机理，其功能是保证管理系统正确运行以实现管理目标，包括权利约束、利益约束、责任约束和社会心理约束。

六、管理方法

管理方法是指管理者为实现组织目标，组织和协调管理要素的工作方式、途径或手段。一般管理方法有行政方法、经济方法、法律方法、教育方法和技术方法。

（1）行政方法。行政方法是依靠行政组织的权威，运用职位权力，通过命令、规定、指示、规章制度等行政手段，按照行政系统的职权有层次地进行管理的一种方法。行政方法的表现形式包括命令、指示、计划、指挥、协调、监督和检查等。行政方法的特点是权威性、强制性、垂直性、具体性和速效性。

（2）经济方法。经济方法是根据客观规律的要求，运用经济手段来调节有关方面的经济利益，以获取较高的经济利益和社会利益的管理方法。宏观管理中经济方法的主要形式有价格、税收、信贷、利润等；微观管理中经济方法的主要形式有工资、奖金、罚款、经济责任等。经济方法的特点是利益性、关联性、灵活性和平等性。

（3）法律方法。法律方法是借助于国家的法律法规，通过司法、仲裁机构，严格约束管理对象以便实现组织目标的一种管理方法。法律方法的表现形式包括国家法律法规、组织规章制度、司法和仲裁等。法律方法的特点是强制性、严肃性和规范性。

（4）教育方法。教育方法是通过思想工作进行启发、说服、引导、教育，解决被管理者思想认识问题，使其自觉地按照组织的愿望和要求去行动的一种管理方法。教育方法是激发人们工作积极性的重要手段。教育方法的主要特点是非强制性、示范性、长期性、渐进性和灵活性。

（5）技术方法。技术方法是指组织中各个层次的管理者根据管理活动的需要，运用自己或他人掌握的各类技术，提高管理的效率和效果的管理方法。技术方法把技术融入管理，利用技术来辅助管理，其特点是客观性、规律性、精确性和动态性。

七、管理者

（一）管理者的定义

管理者

管理者是指履行管理职能，对实现组织目标负有贡献责任和影响力的人。管理者是管理的主体，对管理活动的顺利进行、组织及目标的实现起着十分重要的作用。

传统的观点：管理者是运用职位、权力，对人进行驾驭和指挥的人。

现代的观点：美国学者德鲁克（Peter F. Drucker）认为，在一个现代的组织里，每一个知识工作者如果能够由于他们的职位和知识，对组织负有贡献的责任，因而能够实质性地影响该组织经营及成果的能力者，即为管理者（如工程师）。

（二）管理者的类型

1. 按管理层次划分

按管理层次划分可划分为高层管理者、中层管理者和基层管理者。

高层管理者对组织负全责，主要侧重于沟通组织与外部的联系，负责制定企业的现行政策，并计划未来的发展方向。

中层管理者承上启下，执行企业组织决策，指挥一线管理人员或操作人员工作。

基层管理者一般只限于督导操作人员的工作，不指挥其他管理人员，是组织中最底层的管理者。

2. 按职权关系的性质划分

按职权关系的性质可划分为直线管理人员和参谋人员。

直线管理人员是指有权对下级进行直接指挥的管理者。

参谋人员指为各级决策指挥人员提供决策建议的智囊人员。

3. 按管理工作的性质与领域划分

按管理工作的性质与领域可划分为综合管理者和职能管理者。

综合管理者指负责整个组织或部门全部管理工作的管理人员。

职能管理者指负责组织某一专门管理职能的管理人员，如计划管理人员、财务管理人员和生产管理人员等。

（三）管理者的群体结构

管理者的群体结构是指两个或两个以上的管理者在各种素质要素方面的构成比例和组合状况。

（1）年龄结构：组织内青年、中年、老年不同年龄段成员组成比例。

（2）性格结构：态度特征、意志特征、情绪特征、理智特征等。

（3）智能结构：创新能力、思维能力、表达能力、组织能力、研究能力等。

（4）知识结构：基础知识、管理知识和专业知识。

（5）专业结构：专业知识、技术分布与构成。

管理者应该形成一个有战斗力的管理团队，团队建设涉及多方面组合。

（四）管理者的素质

管理者的素质是指与管理相关的管理者的生理和心理方面稳定的基本属性，包括以下几个部分：

（1）思想素质。思想素质是指对管理者在思想观念、价值体系、政策水平、职业道德、工作作风等方面的要求。具体表现在三个方面：一是正确的世界观、人生观和价值观；二是强烈的事业心、高度的责任感、正直的品质及民主的作风；三是强烈的管理愿景和能够变通的管理思想、实事求是、勇于创新的精神。

（2）身体素质。身体素质是指管理者从事管理工作必备的健康的身体、强健的体魄和充足的精力。

（3）心理素质。心理素质是指管理者从事管理工作需要具备的健康的心理，如坚强的意志；开朗、乐观的性格；广泛而健康的兴趣等。

（4）业务素质。业务素质是指管理者与从事与本职工作相关的所具备的专业知识、业务阅历和经验等。

（五）管理者的技能

根据罗伯特·卡兹（Robert L. Katz）的观点，一名管理者至少应该具备三方面的技能，即技术技能、人际技能和概念技能。

（1）技术技能（technical skills）。技术技能是指管理者掌握和运用某一专业领域内技术、知识、方法和程序完成组织任务的能力。

（2）人际技能（interpersonal skills）。人际技能是指与人打交道的能力，包括联络、处理、协调组织内外的人际关系，激励和指导工作等。

（3）概念技能（conceptual skills）。概念技能是指管理者观察、理解和处理各种全局性的复杂关系的抽象能力。

有研究表明不同层次管理者具备的技能侧重点不同，具体如图1-1所示。

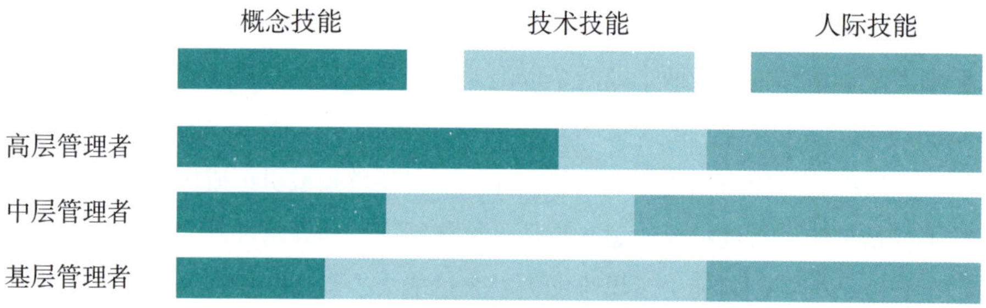

图1-1　不同层次管理者应具备的技能

（六）管理者的角色

20世纪60年代末期，亨利·明茨伯格研究发现管理者扮演着10种不同的，但却是高度相关的角色。

这10种角色可以进一步组合成三个方面：人际关系角色、信息传递角色和决策制定角色（表1-1）。

人际关系角色（interpersonal roles）包含了人与人以及其他具有礼仪性、象征性和法律性的义务或职责。

信息传递角色（informational roles）包括接收、收集和传递信息。

决策制定角色（decisional roles）做出抉择的活动。

表1-1　管理者的角色

管理角色		描述	特征与活动
人际关系角色	1. 代表人	象征性的代表人，履行法律和社会义务	迎接来访者，签署法律文件
	2. 领导者	负责激励、人员配备、培训	从事所有有下级参与的活动
	3. 联络者	维护自行发展起来的外部关系和信息来源，从中得到帮助	从事公关活动
信息传递角色	4. 监督者	寻求和搜集内外信息，为决策提供服务	阅读期刊和报告
	5. 传播者	将有价值信息传递给相关组织人员	举行信息交流会
	6. 发言人	向外界发布组织的计划、政策和结果等	召开董事会，向媒体发布消息
决策制定角色	7. 企业家	寻求组织和环境中的机会，制定新的方案	组织战略制定会议
	8. 变革者	当面对组织危机时，充当纠正和变革的角色	对危机进行分析并采取行动
	9. 资源分配者	负责分配组织的各种资源	调度、授权、预算和控制
	10. 谈判者	在谈判中作为组织的利益代表	参加各种合同谈判

自学测试

一、单选题

1. 管理就是要“用最好的方法经过他人的努力来达到的艺术”。该观点来自于（　　）。

A. 法约尔　　B. 泰罗　　C. 梅奥　　D. 马克斯·韦伯

2. 管理具有与生产关系、社会制度相联系的一面，这里是指（　　）。

A. 管理的自然属性　　B. 管理的社会属性

C. 管理的科学性　　D. 管理的艺术性

3. 当管理者激励员工、指挥他人的活动、选择有效的沟通渠道或解决员工之间的冲突，这是他们在履行（　　）。

A. 计划职能　　B. 组织职能

C. 领导职能　　D. 控制职能

4. 随着管理层级的变化管理者所需各类技能的重要性也在变化，但有一类不变，即无论哪一层级，该技能都很重要（　　）。

A. 理念技能　　B. 人际关系技能

C. 技术技能　　D. 政治技能

5. 认为管理就是计划、组织、领导、控制的过程，是强调管理的（　　）。

A. 核心环节　　B. 对人的管理

C. 作业过程　　D. 本质

二、多选题

1. 管理者在管理过程中承担的职能是（　　）。

A. 计划职能　　B. 组织职能

C. 领导职能　　D. 控制职能

E. 创新职能

2. 下列关于管理者技能的表述正确的是（　　）。

A. 技术技能对于基层管理者最重要

B. 人际技能对于高层管理者最重要

C. 概念性技能对于高层管理者最重要

D. 概念性技能对于中层管理者最不重要

E. 人际技能对于基层管理者最不重要

3. 管理者所扮演的人际角色是（　　）。

A. 领导者　　B. 谈判者

C. 代表人　　D. 联络者

E. 监督者

4. 管理者所扮演的决策角色包括（　　）。

A. 企业家　　B. 谈判者

C. 监督者　　D. 干扰对付者

E. 资源分配者

5. 管理学的研究方法有（　　）。

A. 系统的方法　　B. 案例的方法

C. 实验模拟的方法　　D. 比较管理学的方法

E. 权变的方法

三、判断题

1. 自从有了人类集体活动以来管理就开始了。（　　）
2. 管理就是对一个组织所拥有的物质资源、人力资源等进行计划、组织、领导和控制，去实现组织目标。（　　）
3. 高层管理人员花在计划决策上的时间相对更多一些。（　　）
4. 技术技能是指沟通、领导、激励下属的能力。（　　）
5. 管理学研究的是管理活动的普遍规律性，是各专业管理的基础理论。（　　）

四、简答题

1. 管理系统的构成要素有哪些？
2. 如何理解管理的科学性与艺术性？
3. 管理者应该具备的素质和技能有哪些？
4. 管理者在组织中要承担哪些角色？
5. 为了搞好班务工作，使本班形成富有凝聚力的班级团队，应当怎样建设班委会？大家希望班级的管理者应当具备哪些能力？

课中实训

实训一 管理系统构成要素调研能力训练

任务1 行业构成要素调研

任务描述：学生以小组为单位，选择一个行业，对这个行业环境进行研究。请将研究成果做成展示PPT，并将要点记录在表1-2中。

表1-2 行业环境分析

研究项目	研究结果
行业名称	
经营范围	
行业中企业列举 1	
行业中企业列举 2	
行业中企业列举 3	
该行业近 5 年发展趋势分析	

任务2 企业构成要素调研

任务描述：以小组为单位选择某个行业，小组中每位成员选择这个行业中某一企业，各成员选择的企业不得雷同，对这个企业的管理系统要素进行研究。请将研究成果做成展示PPT，并将要点记录在表1-3中。

表1-3 企业管理系统构成

研究项目	研究结果
企业名称	
企业宗旨	
企业各级管理层管理主体列举	
企业各级管理层管理对象列举	
企业管理机制列举	
企业管理方法列举	
企业管理环境调研	

任务3 组建创业公司

任务描述：以小组为单位，选择某个行业，组建创业公司，对公司组成要素进行研究。请将研究成果做成展示PPT，并将要点记录在表1-4中。

表1-4 行业环境分析

研究项目	研究结果
创业公司名称	
主营业务	
管理主体	
管理对象	
管理媒介	
管理环境	

训练效果评价

考核评价内容如表1-5所示。

表1-5 管理能力考核评价表

内容		评价	
学习目标	评价内容	个人评价（5、4、3、2、1）	小组评价（5、4、3、2、1）
应知应会知识	管理的含义		
	管理的性质		
	管理的职能		
	管理系统构成		
专业能力	复述衡量管理好坏的标准		
	感悟管理的艺术性		

续表

内容		评价	
学习目标	评价内容	个人评价（5、4、3、2、1）	小组评价（5、4、3、2、1）
通用能力	培养有效管理能力		
	培养管理意愿		
态度	实现有效管理		
努力方向：		建议：	

实训二 管理者基本素质和技能训练

任务1 调查管理者的素质与技能

任务描述：以小组为单位，选择某企业为调研对象，每个小组成员调研其中一个管理者，了解该管理岗位有哪些管理工作？属于哪种管理层次？有哪些职责和权力？做好这些管理工作需要哪些素质？如何培养？请将调研成果做成展示PPT，并将要点记录在表1-6中。

表1-6 管理者的职责与技能

调研对象	调研结果
企业名称	
管理者所在岗位名称	
该岗位管理层次	
该岗位职责	
该岗位权力	
该岗位具备素质	
该岗位所需技能	
如何培养技能	

任务2 定位管理者角色

任务描述：以小组为单位，根据实训一组建的创业公司主营业务，小组每个成员定位自己在创业公司中的角色，并列举该角色将要承担的活动，至少5项。请将研究成果做成展示PPT，并将要点记录在表1-7中。

表1-7 定位管理角色

研究项目	研究结果
创业公司名称	
主营业务范围	
工作岗位	
人际关系角色 承担活动列举	
信息传递角色 承担活动列举	
决策制定角色 承担活动列举	

任务3 竞选管理岗位

任务描述：以小组为单位，根据实训一组建的创业公司总经理岗位需求，进行总经理竞聘上岗，每个人以“我要做一个什么样的管理者”为题，发表竞聘演讲（要有发言提纲）。请将研究成果做成展示PPT，并将要点记录在表1-8中。

表1-8 管理者竞聘演讲

研究项目	研究结果
创业公司名称	
主营业务	
管理岗位	
岗位职责及权力	

续表

研究项目	研究结果
岗位所需素质和技能	
如何胜任管理岗位	
竞聘演讲 发言提纲	

训练效果评价

考核评价内容如表1-9所示。

表1-9 认识管理者能力考核评价表

内容		评价	
学习目标	评价内容	个人评价 （5、4、3、2、1）	小组评价 （5、4、3、2、1）
应知应会知识	管理者与操作者的区分		
	管理者的分类		
	管理者岗位职权构成		
	管理者 10 种角色		
专业能力	阐述管理者应具备的素质		
	领会三大管理技能		
通用能力	有效管理能力		
	培养管理意愿		
态度	实现有效管理		
努力方向：		建议：	

复盘反思

1．知识盘点：通过管理认知模块的学习，你掌握了哪些知识点？请画出思维导图。

2．方法反思：完成本模块学习和实训的过程中，你学会了哪些分析和解决问题的方法？

3．行动影响：在完成本模块学习和实训的过程中，你认为自己还有哪些地方需要改进？

实训模块评价

技能点评价

使用说明:

按技能点评价指标评定成绩，满分为100分。其中，各训练任务中技能点为60分，展示陈述为40分。教师评价占比为60%，学生互评占比为40%。

技能点评价指标		分值	得分
管理认知能力	行业分布调研客观性	10	
	企业管理系统构成要素调研分析全面性	10	
	创业公司行业定位可行性	10	
	管理岗位调研分析全面性	10	
	管理者角色调研分析全面性	10	
	管理者素质和技能培养定位准确性	10	
展示陈述	专业知识综合运用程度	10	
	视听觉辅助工具使用程度	10	
	团队合作	5	
	语言技巧	5	
	非语言技巧	5	
	时间分配	5	
合计得分			

素质点评价

使用说明:

按素质点评价指标评定成绩，按优秀为5分、良好为4分、一般为3分、合格为2分、不合格为1分五个等级评价，分为学生自评与小组成员互评。

素质点评价指标		得分	平均分
自评	团队合作精神和协作能力：能与小组成员合作完成项目		
	交流沟通能力：能良好表达自己的观点，善于倾听他人的观点		
	信息素养和学习能力：善于搜集并借鉴有用资讯和好的思路想法		
	独立思考和创新能力：能提出新的想法、建议和策略		
组员 1	团队合作精神和协作能力：能与小组成员合作完成项目		
	交流沟通能力：能良好表达自己的观点，善于倾听他人的观点		
	信息素养和学习能力：善于搜集并借鉴有用资讯和好的思路想法		
	独立思考和创新能力：能提出新的想法、建议和策略		
组员 2	团队合作精神和协作能力：能与小组成员合作完成项目		
	交流沟通能力：能良好表达自己的观点，善于倾听他人的观点		
	信息素养和学习能力：善于搜集并借鉴有用资讯和好的思路想法		
	独立思考和创新能力：能提出新的想法、建议和策略		
组员 3	团队合作精神和协作能力：能与小组成员合作完成项目		
	交流沟通能力：能良好表达自己的观点，善于倾听他人的观点		
	信息素养和学习能力：善于搜集并借鉴有用资讯和好的思路想法		
	独立思考和创新能力：能提出新的想法、建议和策略		
组员 4	团队合作精神和协作能力：能与小组成员合作完成项目		
	交流沟通能力：能良好表达自己的观点，善于倾听他人的观点		
	信息素养和学习能力：善于搜集并借鉴有用资讯和好的思路想法		
	独立思考和创新能力：能提出新的想法、建议和策略		
组员 5	团队合作精神和协作能力：能与小组成员合作完成项目		
	交流沟通能力：能良好表达自己的观点，善于倾听他人的观点		
	信息素养和学习能力：善于搜集并借鉴有用资讯和好的思路想法		
	独立思考和创新能力：能提出新的想法、建议和策略		
总评得分			

课后拓展

参观走访

训练项目 企业管理系统调查

【实训目标】

1. 结合实际，加深对管理系统的感性认识与理解。

2. 培养认知与自觉养成现代管理者素质的能力。

【实训内容与方法】

1. 以小组为单位，选择1～2个中小企业进行调查与访问。

2. 在调查访问之前，每个小组需要根据所学知识，并经过讨论制定调查访问的提纲，包括调研的主要问题与具体安排。具体内容可参考下列问题：

（1）调查企业管理系统的构成状况。

（2）管理者的分类，并重点访问一位中基层管理者。

（3）对其管理对象的调查与分析。

（4）该企业的一般环境与任务环境是什么？

（5）该企业中有哪些你感兴趣的管理机制？并作简要分析。

3. 调查访问结束后，小组成员组织一次交流与讨论。

【标准与评估】

1. 标准：必须到真实企业中做实地调查，并能运用管理系统构成理论架构进行分析。

2. 评估：（1）每人写一份简要的调查访问报告。（2）以小组为单位，分别由小组负责人根据每个成员在调研中的表现进行评估打分。（3）对各小组的调查报告及其成员在讨论中的表现分别评估打分。

管理辩论

题目 管理者是否需要掌握基础技术技能

正方：管理者需要掌握基础技术技能

反方：管理者不需要掌握基础技术技能

【实训目标】

1. 理解管理的内涵、性质。

2. 掌握管理的职能和管理系统的构成。

3. 掌握管理者的基本素质和技能要求。

4. 锻炼口才和反应能力。

5. 锻炼团队的组织和协作能力。

【实训内容】

1. 论述管理者的技能。

2. 论述管理者技能对管理的影响作用。

3. 探讨管理者素质和技能培养的方式和途径。

【方法与要领】

1. 分正方与反方两组，全班可分为若干小组进行组合。

2. 每个小组推荐4名辩手并依次排序第一辩手、第二辩手、第三辩手、第四辩手，角色分工：1辩陈述观点、2辩3辩自由辩论、4辩总结观点。

3. 正方论述管理者需要掌握基础技术技能。

4. 反方论述管理者不需要掌握基础技术技能。

5. 正反双方在辩论中，既要回答对方的提问，也要向对方提出疑难问题，要求对方解答。

6. 坚持理论与实践相结合，做到举例鲜明生动，正反双方都要形成书面辩论资料呈给老师或者评委。

【成绩测评】

由教师、学生或者邀请企业领导者评价辩论的结果。

管理游戏

管理小游戏：飞船竞赛

【训练目的】

通过游戏，使学生理解管理的四大职能。

【材料用具】

（每组）1只生鸡蛋，4个纸杯，1双筷子，2根长吸管，2根短吸管，2只气球，几根皮筋，几张彩纸，几支彩笔，1把剪刀，1瓶胶水。

【训练时间】

实训时间90分钟。

【规则程序】

（1）根据提供的道具制造“飞船”和标志“飞船”着陆地点的旗帜。

（2）完成后，去空地发射“飞船”。

（3）每组发射“飞船”，并将旗帜插在“飞船”着陆的地点。

（4）只能用给定的道具制造“飞船”。

（5）不能与团队之外的任何人交流飞船制造计划。

【考核标准】

（1）“飞船”航行最远且鸡蛋不破的小组获胜。

（2）评选出最具创意的旗帜。

【问题讨论】

（1）你们小组成员如何协作完成任务?

（2）该活动是如何体现管理的四大职能的?

（3）你在团队中是观望者、倡议者、追随者还是领导者?

【个人感悟】

管理技能测试

测试1 管理动机强弱

【测试要求】

表1-10中每一个问题，在最能反映你的管理动机强烈程度的数字上打“√”，然后合计你的分数。

表1-10 测试你在一个大型组织中管理动机的强弱程度

序号	测试描述	管理动机（弱——强）
1	我希望与我的上级建立积极的关系	1 2 3 4 5 6 7
2	我希望与我同等地位的人在游戏中和体育比赛中比赛	1 2 3 4 5 6 7
3	我希望与我同等地位的人在与工作有关的活动中竞争	1 2 3 4 5 6 7
4	我希望以主动和果断的方式行事	1 2 3 4 5 6 7
5	我希望吩咐别人做什么和用法令对别人施加影响	1 2 3 4 5 6 7
6	我希望在群体中以独特的和引人注目的方式出现	1 2 3 4 5 6 7
7	我希望完成通常与工作有关的例行责任	1 2 3 4 5 6 7
合计得分		

【测试结论】

你的得分将落在7~49分的区间内。评分标准为：

7~12：较低的管理动机。

13~34：中等的管理动机。

35~49：较高的管理动机。

测试2 三种管理技能水平状态

【测试要求】

表1-11中每一个问题，在与你意愿最符合的选项上打“√”，然后加总你的分数。

表1-11 三种管理技能测试

序号	测试描述	我从不这样	我很少这样	我有时这样	我常常这样	我总是这样
1	当我需要做许多工作或作业时，我先设定重点，并按照截止日期进行组织	1	2	3	4	5
2	多数人认为我是一个优秀的倾听者	1	2	3	4	5
3	当我为自己决定行动方案时（如追求的爱好、要学习的语言、要从事的工作、想要参与的项目等），我一般都会考虑做出这种选择之后的长期（1年或更长）影响	1	2	3	4	5
4	与包括文学、心理学或社会学的课程相比，我更喜欢包括技术或定量的课程	1	2	3	4	5
5	当我与其他人存在分歧时，我坚持与他人交流，直到完全克服为止	1	2	3	4	5
6*	当我完成一个项目或任务时，我考虑的是细节，而不是问题的概况	1	2	3	4	5
7	与和其他人一起度过许多时间进行比较，我更愿意一个人坐在计算机前面	1	2	3	4	5
8	我努力把他人纳入活动中来或在谈论问题时，邀请其他人参与	1	2	3	4	5

续表

序号	测试描述	我从不这样	我很少这样	我有时这样	我常常这样	我总是这样
9	当我选择一门课程时，我会把刚学到的知识与以前学过的课程或概念联系起来	1	2	3	4	5
10*	当有人犯错误时，我会去纠正，并让他知道正确的答案或方法	1	2	3	4	5
11	我认为，在与他人谈话时，讲究效率比较好，而不是考虑他人的需求，这样有利于解决自己的实际问题	1	2	3	4	5
12	我制定自己的长期职业愿景、家庭愿景和其他活动愿景，并已经认真考虑过	1	2	3	4	5
13	当解决问题时，我更喜欢分析一些数据或统计资料，而不愿意与许多人一起讨论	1	2	3	4	5
14*	当我为一个集体项目工作时，有人并不竭尽全力，我很可能向朋友抱怨，而不是去对付这个懒惰的人	1	2	3	4	5
15	与他人讨论思想或概念可以使我感到兴奋	1	2	3	4	5
16	本书所使用的管理活动类型简直是在浪费时间	1	2	3	4	5
17*	我认为，礼貌待人，不伤害他人的感情为好	1	2	3	4	5
18	我对数据和事情要比对他人更感兴趣	1	2	3	4	5
合计得分						

【测试结论】

1、3、6*、9、12、15　　概念技能（Conceptual Skills，C）总分：

2、5、8、10*、14*、17*　　人际技能（Human Skills，H）总分：

4、7、11、13、16、18　　技术技能（Technical Skills，T）总分：

上述三种技能是一名优秀的管理者必须具备的基本能力。比较理想的情况是，管理者在这三种技能方面都具有强大的优势（虽然在每种技能方面的优势不必相等）。缺乏任何一类技能的人都应采取行动，逐渐提高这种技能。同时，根据这三种技能的得分比例判断自己更倾向于哪个层次的管理者。

模块二　管理理论运用能力训练

教学目标

知识目标

1. 了解西方管理思想的形成与发展。
2. 掌握古典管理理论与行为管理理论的主要思想。
3. 了解现代管理理论各学派的主要思想。
4. 掌握当代管理理论的最新发展。
5. 理解组织文化的结构和功能，掌握组织文化建设的方法和步骤。

能力目标

1. 能运用所学的管理理论分析实际管理问题。
2. 能对各管理流派的理论进行分析和比较。
3. 能正确把握管理理论的发展趋势。
4. 能够利用组织文化的作用管理组织，提高组织的竞争力。

素质目标

1. 具有团队合作精神和协作能力，小组能够协调分工合作完成任务。
2. 具备良好的交流沟通能力，能够有效表达观点并完成成果汇报展示。
3. 具备良好的信息素养和学习能力，能够运用正确的方法和技巧搜集信息、整理信息、分析信息。
4. 具有独立思考和创新能力，能够掌握相关知识点并完成实训任务。

思政目标

1. 传承和弘扬中国古代优秀管理思想。
2. 汲取西方管理精华，树立系统和权变的思想意识。
3. 建设符合社会主义核心价值观的组织文化。

思维导图

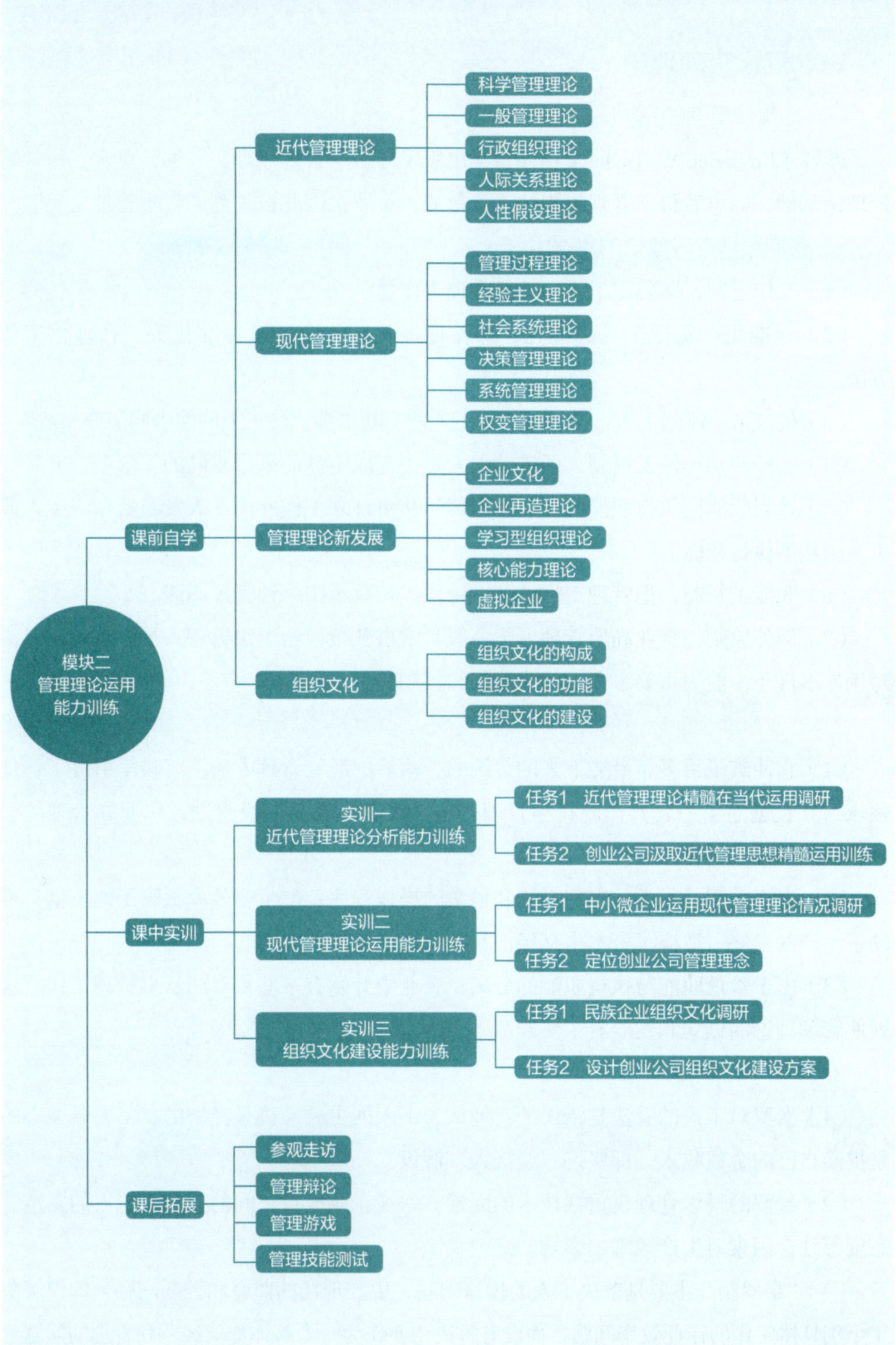
模块二
管理理论运用
能力训练
课前自学
近代管理理论
科学管理理论
一般管理理论
行政组织理论
人际关系理论
人性假设理论
现代管理理论
管理过程理论
经验主义理论
社会系统理论
决策管理理论
系统管理理论
权变管理理论
管理理论新发展
企业文化
企业再造理论
学习型组织理论
核心能力理论
虚拟企业
组织文化
组织文化的构成
组织文化的功能
组织文化的建设
课中实训
实训一
近代管理理论分析能力训练
任务1 近代管理理论精髓在当代运用调研
任务2 创业公司汲取近代管理思想精髓运用训练
实训二
现代管理理论运用能力训练
任务1 中小微企业运用现代管理理论情况调研
任务2 定位创业公司管理理念
实训三
组织文化建设能力训练
任务1 民族企业组织文化调研
任务2 设计创业公司组织文化建设方案
课后拓展
参观走访
管理辩论
管理游戏
管理技能测试

课前自学

一、近代管理理论

（一）科学管理理论

泰罗（Frederick W. Taylor）在1911年出版了《科学管理原理》一书，奠定了科学管理理论基础，标志着科学管理思想的正式形成，泰罗也因此被誉为“科学管理之父”。

1. 泰罗科学管理理论的主要内容

（1）工作定额，即确定工人的“日合理工作量”。

（2）标准化，实行工具标准化、操作标准化、劳动环境标准化等，合理化工作方法。

（3）挑选第一流的工人，科学地选择工人并不断培训，使工人的能力同工作相适应。

（4）实行差别计件工资制，即按照工人是否完成定额而采用不同的工资率。

（5）计划职能同执行职能分开，计划部门从事计划工作并向工人发布命令，工人或工头则从事执行职能。

（6）职能工长制，把管理工作细分，每位工长只承担一种管理职能。

（7）例外原则，企业高层管理者把一般日常事务授权给下级管理人员，自己仅保留对例外事件（一般为重要事项）的决策权和控制权。

2. 泰罗科学管理理论的贡献

（1）它冲破了百多年沿袭下来的传统的、落后的经验管理办法，将科学引进了管理领域，并且创立了一套具体的科学管理方法来代替单凭个人经验进行作业和管理的旧方法。

（2）由于采用了科学的管理方法和科学的操作程序，使生产效率提高了两三倍，推动了生产的发展，适应了资本主义经济在这个时期发展的需要。

（3）由于管理职能与执行职能的分离，企业中开始有一些人专门从事管理工作。这就使管理理论的创立和发展有了实践基础。

3. 泰罗科学管理理论的局限性

（1）泰罗对工人的看法是错误的，他认为工人的主要动机是经济的，工人最关心的是提高自己的金钱收入，即坚持“经济人”假设。

（2）泰罗的科学管理仅重视技术的因素，忽视企业成员之间的交往及工人的感情、态度等社会因素对生产效率的影响。

（3）“泰罗制”主要是解决工人的操作问题，生产现场的监督和控制问题，即仅解决了个别具体工作的作业效率问题，而没有解决企业作为一个整体如何经营和管理的问题。

4. 其他科学管理研究者

与泰罗同时代的对管理改革做出过贡献的还有亨利·甘特、吉尔杰布雷斯夫妇、福特等。

（二）一般管理理论

法约尔（Henri Fayol）在1916年出版了他的代表作《工业管理和一般管理》一书，标志着一般管理理论的形成，被后人尊称为“现代经营管理之父”。法约尔的一般管理理论包括三部分内容。

1. 经营与管理

法约尔首先区分了经营（Governer）和管理（Administer）两个基本概念。

古典管理理论

法约尔认为，“经营”是指导或引导一个组织趋向某一既定目标；而“管理”是普遍的一种单独活动，有自己的一套知识体系，由各种职能构成，管理者通过完成各种职能来实现目标的一个过程。

2. 管理的五大职能

法约尔认为，作为经营活动之一的管理包括计划、组织、指挥、协调和控制五大管理职能，并对每一个职能都进行了相应的分析和讨论。

（1）计划，这是管理的首要职能。

（2）组织，它包括有关组织结构、活动和相互关系的规章制度，以及职工的招募、评价和训练。

（3）指挥，是指对下属活动的指导。

（4）协调，是结合、统一以及调和所有企业活动与个人活动的努力，以实现共同的目标。

（5）控制，是指为了保证实际工作按已定计划和命令完成的那些活动。

3. 管理的十四条原则

法约尔还提出了管理人员解决问题时应遵循的十四条原则，如表2-1所示。

表2-1 一般管理理论十四条原则

原则	内容
（1）劳动分工	通过专业化分工使雇员的工作更有效率，从而提高工作的产出
（2）权力责任	管理者必须有命令下级的权力，职权赋予管理者的就是这种权力，权力与责任必须统一，有权必有责
（3）纪律	（协议）雇员必须遵守和尊重的组织规定
（4）统一指挥	每一个雇员应当只接受来自一位上司的命令

续表

原则	内容
（5）统一领导	组织应当具有单一的行动计划来指导管理者和工人
（6）个人利益服从集体利益	任何雇员个人或雇员群体的利益不应置于组织的整体利益之上
（7）报酬	对雇员提供的服务必须给付公平的工资报酬
（8）集权与分权	集权是指下级参与决策制定的程度，应根据企业性质、条件、环境和员工素质来恰当决定集权和分权的程度
（9）等级链和“跳板”（法约尔桥）	从最高层管理到最低层管理的直线职权是一条等级链，表明权力等级的顺序和信息传递的途径。同时，为了弥补纵向信息传递效率低下的缺陷，法约尔设计了“跳板”原则，即不同权力系列的同一层次的组织之间，在上级授权的情况下，可以横向传递信息，直接商议解决问题，再分头上报
（10）秩序	人员和物料应当在恰当的时间处于恰当的位置上
（11）公平	管理者应公平和蔼地对待下属
（12）人员稳定	管理部门应提供有规则的人事计划，并保证有合适的人选填补职位的空缺
（13）首创精神	允许雇员发起和实施计划将会调动他们的极大热情
（14）团结精神	鼓励团队精神将会在组织中建立起和谐与团结的氛围

4. 对法约尔一般管理理论的评价

（1）优点。法约尔的一般管理理论研究了管理的一般性（普遍性），对组织管理进行了系统的、独立的研究，特别是对管理要素和管理的原则系统地加以概括，为管理理论的形成构筑了一个科学的理论框架，使管理具有一般的科学性。另外，一般管理提出了管理教育的必要性与可能性。

（2）不足。例如他的管理原则缺乏弹性，以至于有时实际管理工作者无法完全遵守；法约尔只考察了组织的内在因素，没有考察组织同周围环境的关系，缺乏具体性。正如他自己所强调的，这些原则并不完整，也不是一成不变的，它不能回答特殊的问题。

（三）行政组织理论

马克斯·韦伯（Max Weber），在其著作《社会组织与经济组织》中论述他的“理想的行政组织体系”理论，被后人誉为“组织理论之父”。

1. 行政组织理论的主要内容

韦伯认为等级、权力和行政体系是一切社会组织的基础。对于权力，他认为任何一种组织都是以某种形式的权力为基础的。权力有三种类型：理性—合法的权力、传统的权力和“神授”的权力。这三种权力中，只有理性—合法的权力才是构成理想的行政组织体系的基础。

韦伯认为，这种高度结构的、正式的、非人格化的理想行政组织体系是人们进行强制控制的合理手段，是达到目标、提高效率的最有效形式。这种组织形式在精确性、稳定性、纪律性和可靠性方面都优于其他组织形式，能适用于所有的各种管理工作及当时日益增多的各种大型组织，如教会、国家机构、军队、政党、经济企业和各种团体。

2. 权威的类型

（1）魅力型权威（个人崇拜式权威、超凡权威）。

①来源于他人的崇拜与追随，带有浓重的感情色彩；②本质是敬仰；③在该权威基础上建立的组织类型是神秘化组织。

（2）传统型权威。

①由传统惯例或世袭得来；②本质是顺从；在该权威基础上建立的组织类型是封建制、世袭制、家长制组织。

（3）法理型权威。

①本质是理性；②在该权威基础上建立的组织类型是合法化、理性化组织；③最根本的特征在于法理型权威提供了公正。

韦伯认为，这三种纯粹形态的权威中，传统型权威的效率较差，因为其领导人不是按能力来挑选的，其管理单纯是为了保存过去的传统而行事；魅力型权威则过于带有感情色彩，并且是非理性的。所以，只有法理型权威才能作为行政制的基础。

3. 理想的行政组织体系的特征（表2-2）

表2-2　行政组织体系的特征

特征	内容
（1）劳动分工	工作应当分解为简单、例行的和明确的任务，明确规定每一个人的职责和权力
（2）职权等级	职位应当按照等级来组织排列，每一个下级应当接受上级的控制和监督，即按照不同职位权力的大小，确定其在组织中的地位，形成有序的等级
（3）正式选拔	所有组织成员都是依据经过培训、考试或正式考核所取得的技术资格选拔的，即根据技术资格挑选组织成员
（4）正式的规章制度	为了确保一贯性和全体雇员的活动，管理者必须倚重正式的组织规则，即管理人员根据法律制度赋予的权力处于拥有权力的地位，原则上所有人都服从制度规定，而不是服从于某个人

续表

特征	内容
（5）非人格化	组织的规章制度是每一个成员都必须遵守的，它不受个人情感和个人背景的影响
（6）职业导向	组织中的管理者是职业化的官员而不是该组织的所有者，他们领取固定的工资，并在组织中谋求职业生涯的发展

4. 对韦伯的行政组织理论的评价

（1）优点。韦伯认为高度集中的，理性的行政组织体系最符合理性原则，是达到目标、提高劳动生产率的最有效的形式。这一理论也是对泰罗、法约尔理论的一种重要补充，是古典管理理论的重要组成部分。

（2）局限性：过分强调组织形式的作用；过分重视成文的法律制度，完全忽视了管理活动应根据环境的变化而灵活地进行。

（四）人际关系理论

梅奥（George Elton Mayo），根据霍桑实验于1933年出版了《工业文明中人的问题》，阐述了他的人际关系理论的主要思想，为提高劳动生产率开辟了新途径，从而创立了人际关系学说。

1. 人际关系理论的内容

（1）工人是“社会人”。工人工作不是单纯追求金钱收入，还有社会方面、心理方面的需求，除物质刺激外，工人还需获得感情上的归属感和满足感。

（2）企业中存在着“非正式组织”。这种组织是人们在共同劳动、共同生活中，由于相互联系而产生的共同感情自然形成的一种“无名集体”，并产生不成文的非正式的行为准则。

（3）生产率主要取决于员工的工作态度以及他和周围人的关系。生产率的高低，主要取决于工人的士气，即工作的积极性、主动性和协作精神；而士气的高低，取决于社会因素，特别是人际关系对工人的满意程度。因此，新型的领导在于提高工人的满意度，从而达到提高生产率的目的。

2. 对梅奥人际关系学说的评价

梅奥人际关系学说的贡献：

（1）强调改变对工人的态度和监督方式。

（2）提倡下级参与企业的各种决策，以此来改善人际关系，提高职工士气。

（3）设立意见箱，允许职工对作业目标、作业标准和作业方法提出意见，鼓励上下级之间进行意见交流。

（4）重视管理干部自身的人际关系以及协调人际关系的能力。

（5）重视、利用和倡导各种非正式组织。

梅奥人际关系学说的局限性：

（1）过分强调非正式组织的作用。

（2）过多地强调感情的作用，似乎职工的行动主要受感情和关系的支配。

（3）过分否定经济报酬、工作条件、外部监督、作业标准的影响。

行为科学理论

（五）人性假设理论

人性假设理论的主要代表人物有道格拉斯·麦格雷戈（Douglas M. McGregor）、威廉·大内（William Ouchi）等。

代表理论：麦格雷戈的X理论和Y理论。

（1）X理论。X理论即传统的管理观点，是管理者对人性做出的“人性丑恶”的假设，其主要内容是：

①人生下来就厌恶工作，只要可能就逃避工作。

②人生下来就缺乏进取心，工作不愿负责任，宁愿被领导，没有什么抱负。

③人生下来就习惯于明哲保身，反对变革，把安全的要求看得高于一切。

④人生下来就缺乏理性，易受外界和他人的影响，做一些不适宜的举动。

⑤人生下来就以自我为中心，无视组织需要，所以对多数人必须使用强迫以至惩罚、胁迫的手段，驱使他们去工作，方可达到组织目标。

⑥只有极少数人，才具有解决组织问题的能力。

基于X理论，管理人员的职责和相应的管理方式为：应用职权，发号施令，加以金钱报酬来收买员工的服从和效力。具体表现为：

①持有X理论思想的人总认为，一个组织的绩效低落，是由人的本性所导致的；组织绩效差，不是管理不好，而是组织中的人不好。

②应在组织中建立严格的等级制度，遵循阶梯原则，实施“胡萝卜+大棒”式的集权化管理。

③重视组织要求和组织任务的完成，把人看成是“经济人”（追求自我经济利益最大化的人），只注重满足人的经济需要。组织目标重于个人目标。

（2）Y理论。Y理论是管理者对人性做出的“人性本善”的假设，其主要内容是：

①人生下来并不一定厌恶工作，要求工作是人的本能。

②人追求的需要与组织的需要并不矛盾，并非必然对组织的目标产生抵触和消极态度，只要管理适当，人们能够把个人目标与组织目标统一起来。

③人对于自己所参与的工作目标，能够实行自我管理和自我指挥。

④大多数人都具有解决组织问题的想象力和创造力。

Y理论的管理思想包括：

①一个组织的绩效低落应该归因于拙劣的管理，而不是员工本身。因此，管理者的重要任务是创造一个使人得以发挥才能的工作环境，发掘员工潜力，并使员工在为实现组织目标努力的过程中也能达到自己的目标。

②在组织管理中，应注重创造一种融洽的、民主的、积极参与的组织氛围，遵循融合原则，实施民主管理、参与管理和自主管理。

③应将组织要求和个人要求相结合，把人看成是社会人和自我实现人，通过提高员工的满足度来激发完成组织任务的主动性、积极性、创造性，为员工设计有挑战性的工作，承担更多的责任，促使其做出成绩，满足其自我实现的需要。

二、现代管理理论

现代管理理论主要有管理过程学派、经验主义学派、人际关系学派、群体行为学派、社会系统学派、社会技术系统学派、管理科学学派、决策理论学派、系统管理理论学派、权变理论学派、经理角色学派11种学派，下面主要介绍其中6种。

（一）管理过程理论

管理过程理论是在法约尔管理思想的基础上发展起来的，主要研究管理者的管理过程及其功能，并以管理职能作为其理论的概念结构。代表人物是美国的管理学家哈罗德·孔茨（Harold Koontz），代表作是与他人合著的《管理学》。

（二）经验主义理论

经验主义学派又称惯例管理学派、案例管理学派，其代表人物主要是被称为“现代管理学之父”的美国管理学家彼得·德鲁克。经验学派认为，管理应侧重于实际应用，而不是纯粹的理论研究。

经验主义学派的基本观点是“管理学就是研究管理经验”，其主要理论内容包括：

（1）主张采用实际案例研究的方法研究管理问题。

（2）阐述了管理者的主要职责和任务。

（3）实行目标管理的工作方法。

（三）社会系统理论

社会系统学派从社会学的角度分析各类组织，将组织看作是一种社会系统，是一种人的相互关系的协作体系。社会系统学派的代表主要是美国的高级经理人员和管理学家切斯特·巴纳德（Chester Barnard），其著作是1938年出版的《经理人员的职能》。

社会系统学派的理论要点有：

（1）组织是一个由个人组成的协作系统。

（2）组织作为协作系统包含三个基本要素：信息交流、做贡献的意愿和共同的目标。

（3）经理人员的职能主要有三个方面：提供并维持信息交流的体系、使组织中每个人都能做出贡献、明确组织目标。

（四）决策管理理论

决策理论学派是以社会系统学派为基础，吸收了行为科学、系统理论、运筹学、计算机科学的有关成果创立起来的，其代表人物主要是美国著名的经济学家和社会学家赫尔伯特·西蒙（Herbert Alexander Simon）。

西蒙在1960年出版的《管理决策新科学》中阐述了决策理论学派的基本思想：

（1）企业管理问题的主要研究对象不是作业而是决策。

（2）决策贯穿管理的全过程，管理就是决策。

（3）应按“满意”原则进行决策，而不是“最优化”原则。

现代管理理论

（五）系统管理理论

系统管理理论是运用一般系统论和控制论的理论和方法，考察组织结构和管理职能，以系统解决管理问题的理论体系。系统管理理论代表人物有理查德·约翰逊（Richard A. Johnson）、弗里蒙特·卡斯特（Fremont E. Kast）、詹姆斯·罗森茨韦克（James E. Rosenzweig），代表作有三人合著的《系统理论与管理》以及后两人合著的《组织与管理——系统方法与权变方法》。

系统学派的基本思想：组织是一个由若干相互联系的要素所组成的系统，同时又是社会系统的分系统，它与社会环境相互影响。因此，管理者必须从管理的整体出发，研究组织与环境之间的关系，使组织的各个部分之间以及组织与外部环境之间保持动态平衡。

（六）权变管理理论

权变管理理论又被称为“情况决定论”“管理情景论”或“形势管理论”，主要代表人物是卢桑斯（Fred Luthans），其代表作为《管理导论：一种权变学》。

权变理论的核心思想是，强调管理者的实际工作取决于所处的环境条件，在管理中要根据组织所处的内外条件随机应变，没有什么一成不变、普遍适用的“最好的”管理理论和方法，要针对不同的具体条件寻求不同的最合适的管理模式。

三、管理理论新发展

（一）企业文化

企业文化作为一种理论最早出现于美国，最早提出企业文化概念的是美国的管理学家威廉·大内（William Ouchi）。他在1981年出版了自己对日本企业的研究成果《Z理论——美国企业如何迎接日本的挑战》。他在书中指出日本企业成功的关键因素是它们独特的企业文化。

企业文化的理论基点是“以人为本”。它强调管理以人为中心，充分尊重员工的价值，重视人的需求的多样性，运用共同的价值观、信念、和谐的人际关系、积极进取的企业精神等文化观念来营造整体的企业团队，使管理从技术上升为艺术。

（二）企业再造理论

美国的迈克尔·哈默（Michael Hammer）和詹姆斯·钱皮（James A.Champy）于1993年出版的《企业再造——管理革命的宣言书》一书中阐述了这一理论。该理论指出应在新的企业运行空间条件下，改造原来的工作流程，以使企业更适应未来的生存发展空间。

企业“再造”就是重新设计和安排企业的整个生产、服务和经营过程，使之合理化。通过对企业原来生产经营过程的各个方面、每个环节进行全面的调查研究和细致分析，进而对其中不合理、不必要的环节进行彻底的变革。为了在衡量绩效指标上取得显著改善，就必须从根本上重新思考、彻底改造业务流程。其中，衡量绩效的关键指标包括产品和服务质量、顾客满意度、成本和员工工作效率等。

企业再造理论适用于三类企业：问题丛生的企业；目前业绩虽然很好，但潜伏着危机的企业；正处于事业发展高峰的企业。

（三）学习型组织理论

彼得·圣吉（Peter M. Senge）在其所著的《第五项修炼——学习型组织的艺术与实务》一书中提出了“学习型组织”理论。

所谓学习型组织，是指通过培养弥漫于整个组织的学习气氛、充分发挥员工的创造性思维能力而建立起来的一种有机的、高度柔性的、扁平的复合人性的、能持续发展的组织。

彼得·圣吉提出了要建立学习型组织，必须具备五项修炼的技能。所谓修炼，是指通过学习来提高人自身的素质。对组织而言，修炼则是通过学习和训练提高组织内部结构、机能和对社会、市场变化的适应能力。

（1）第一项修炼——系统思考。系统思考是着眼于整体的一项修炼，系统思考的艺术在于看穿复杂背后引发变化的结构，要把许多杂乱的片段结合成为前后一贯的“故事”，明白指出问题的症结以及找出较持续有效的对策。

（2）第二项修炼——自我超越。“自我超越”是指突破极限的自我实现或技巧的熟练。一个渴望成功的人，不可能只把眼光局限在眼前利益，也不可能满足于现状，而要有一个远远高于现状的远大理想。这个理想的实现成为其不断学习和进取的动力，这就是人的“自我超越”。

（3）第三项修炼——改善心智模式。心智模式是一种思维方法，一种根植于人们内心深处的思维逻辑。改善心智模式的修炼主要应做到的是对自己心智模式的反思和对他人心智模式的探询。

（4）第四项修炼——建立共同愿景。愿景是对未来的景象和意象的期望，是一种召唤及驱使人向前的动力，能不断扩展人们创造内心真正向往的能力。一个组织要建立一个全体成员的共同愿景，并以此感召全体组织成员，使之为这一愿景而奋斗。

（5）第五项修炼——团队学习。团队学习是发展团体成员整体合作与实现共同目标能力的过程。学习的本身是发现错误或了解和掌握新知识。团队学习正是要利用集体优势，通过开放型的交流，发现问题、互相学习、取长补短，以达到共同进步的目的。

（四）核心能力理论

核心能力理论是由20世纪80年代资源基础理论发展而来的。该理论认为企业的战略应该建立在企业的核心资源上。所谓核心资源是指有价值的、稀缺的、不完全模仿和不完全替代的资源，它是企业持续竞争优势的源泉。

1990年普拉哈拉得和哈梅尔在《哈佛商业评论》上发表了一篇具有广泛影响的论文《公司的核心能力》。

核心能力是组织内的集体知识和集体学习，尤其是协调不同生产技术和整合多种多样技术流的能力。一项能力可以界定为企业的核心能力，其必须满足以下五个条件：①不是单一的技术或技能，而是一簇相关的技术和技能的整合；②不是物理性资产；③必须能创造顾客看重的关键价值；④与对手相比，竞争上具有独特性；⑤超越特定的产品或部门范畴从而为企业提供通向新市场的通道。

（五）虚拟企业

虚拟企业是由一些独立的厂商、顾客，甚至同行的竞争对手，通过信息技术联结成的临时网络组织，以达到共享技术、分摊费用以及满足市场的目的。它既没有中央办公室，也没有正式的组织图，更不像传统企业那样具有多层次的组织结构。

（1）虚拟企业的特征。

①从合作组织形式上看，虚拟企业是指为完成向市场提供商品或服务等任务，而由众多的企业相互联合形成的一种合作网络。

②从功能和效果上看，虚拟企业提供的商品和服务远远超过了原来单个企业的机动性和竞争性，反映了在高度信息化条件下企业组织触角已经伸向了企业之外，具有高科技和无边界性。

③从资本关系上看，虚拟企业不强制各企业发生关系，实际上是出于一种功能性需要而把相互独立的企业以自愿形式联系在一起，具有相互依赖性。

（2）虚拟企业实践。

①委托生产；②无须一个完整的生产体系；③与供应商的伙伴关系；④快速流动的库存；⑤积极的顾客联系系统。

四、组织文化

组织文化（organization culture）是指组织在长期的生存和发展过程中形成的，具有本组织特色的基本信念、价值标准、运营理念、道德规范、规章制度、人文环境以及与此相适应的思维方式和行为方式等的综合。

（一）组织文化的构成

（1）物质文化层。物质文化层是组织文化结构的表层部分，包括组织开展活动所需的基本物质基础，如企业生产经营的物质技术条件，诸如厂容、厂貌、机器设备，产品的外观、质量、服务，以及厂徽、厂服等。物质层比较稳定，成为企业识别的标志。

（2）制度文化层。制度文化层包括具有本组织文化特色的，为保证组织活动正常进行的组织领导体制、各种规章制度、道德规范和员工行为准则的总和，如企业中的厂规、厂纪，各种工作制度和责任制度，以及人际交往的方式等。

（3）精神文化层。精神文化层是指组织在长期活动中逐步形成的，并为全体员工所认同的共有意识和观念，包括组织的价值观念，组织精神和组织道德。

（二）组织文化的功能

（1）导向功能。组织文化有助于把组织成员的思想、行为引导到实现组织所确定的目标上来。

（2）凝聚功能。组织文化有着把组织成员紧密团结起来，形成一个统一体的凝聚力量。

（3）激励功能。组织文化有助于激励组织成员培养自觉为组织发展而积极工作的精神。

（4）约束功能。组织文化具有对组织成员的思想和行为进行约束和规范的作用。

（5）辐射功能。组织文化对组织内外都有着强烈的辐射作用。

（三）组织文化的建设

（1）物质文化建设。物质文化建设包括①产品文化价值的创造；②厂容厂貌的美化、优化；③企业物质技术基础的优化。

（2）制度文化建设。制度文化建设包括①确立合理的领导体制；②建立和健全合理的组织结构；③建立和健全开展组织活动所必需的规章制度。

（3）精神文化建设。精神文化建设包括①明确组织所奉行和追求的价值观念；②塑造组织精神；③促进组织道德的形成和优化，形成良好的道德风气和习俗。

自学测试

一、单选题

1. 在历史上，第一次使管理从经验上升为科学的是（　　）。

   A. 一般管理理论　　B. 科学管理理论

   C. 行为科学理论　　D. 组织管理理论

2. 韦伯认为，只有（　　）才可以作为“理想的”行政组织体系的基础。

   A. 传统的权威　　B. 个人崇拜式权威

   C. 理性—合法的权威　　D. 专制的权威

3. 法约尔提出的何种原则强调在组织中从最高一级到最低一级应建立关系明确的职权等级系列。（　　）

   A. 分工原则　　B. 统一原则

   C. 等级链原则　　D. 权责统一原则

4. 奠定管理行为科学基础的是（　　）。

   A. 马斯洛的需求层次理论　　B. 赫茨伯格的双因素理论

   C. 麦格雷戈的X—Y理论　　D. 梅奥的人际关系学说

5. 提出决策理论构造的管理学家是（　　）。

   A. 彼得·圣吉　　B. 赫尔伯特·西蒙

   C. 亨利法·约尔　　D. 埃尔顿·梅奥

二、多选题

1. 法约尔管理的职能包括（　　）。

   A. 计划　　B. 组织　　C. 指挥与协调　　D. 控制

2. 下列属于古典管理理论的有（　　）。

   A. 组织理论　　B. 一般管理理论

   C. 劳动分工理论　　D. 科学管理理论

3. 科学管理的内容包括（　　）。

   A. 科学挑选人　　B. 差别计件工资制

   C. 智能管理　　D. 工时研究与标准化

4. 现代管理理论中的代表学派有（　　）。

   A. 管理过程学派　　B. 决策理论学派

   C. 社会系统学派　　D. 社会技术系统学派

5. 学习型组织的主要特征有（　　）。

A. 组织成员拥有一个共同的愿景　　B. 善于不断地学习

C. 自主管理　　D. 组织结构扁平化

三、判断题

1. 霍桑试验的研究发现，工作环境和物质条件直接影响着劳动生产率的提高。（　　）
2. 人际关系理论认为，工人是“经济人”。（　　）
3. 法约尔提出的十四条管理原则已不再对现在的管理活动有指导意义。（　　）
4. 管理科学学派提倡依靠计算机进行管理，以提高管理的经济效益。（　　）
5. 巴纳德是古典管理理论的代表人物，他对管理理论的贡献是提出了理想的行政管理体系，其代表作是《行政组织体系理论》。（　　）

四、简答题

1. 泰罗科学管理理论的主要内容是什么？
2. 梅奥人际关系学说的主要观点是什么？
3. 管理理论“丛林”都有哪些主要流派？
4. 你认为世界管理科学今后将呈现怎样的发展趋势？
5. 以班级文化为例说明组织文化通过哪些具体的事物和行为表现出来。

课中实训

实训一 近代管理理论分析能力训练

任务1 近代管理理论精髓在当代运用调研

任务描述：以小组为单位，选择6个行业，从每个行业中选择一家知名企业，调研其管理宗旨，从该企业管理宗旨中折射出哪些近代管理理论精髓？请将研究成果做成展示PPT，并将要点记录在表2-3中。

表2-3 行业企业管理宗旨调研

行业名称	企业名称	企业经营理念	管理思想

任务2 创业公司汲取近代管理思想精髓运用训练

任务描述：以小组为单位，根据模块一的实训创建创业公司的业务需求，未来创业公司管理可借鉴哪些近代管理理论。请将研究成果做成展示PPT，并将要点记录在表2-4中。

表2-4 创业公司宗旨研究

研究项目	研究结果
创业公司名称	
主营业务范围	
借鉴近代管理理论 1	
借鉴近代管理理论 2	
借鉴近代管理理论 3	

训练效果评价

考核评价内容如表2-5所示。

表2-5 近代管理理论分析能力考核评价表

内容		评价	
学习目标	评价内容	个人评价（5、4、3、2、1）	小组评价（5、4、3、2、1）
应知应会知识	科学管理理论内容		
	一般管理理论内容		
	行政组织理论内容		
	人际关系学说的主要观点		
	人性假设理论		
专业能力	正确认知古典管理理论		
	学会应用古典管理理论		
	正确认知“社会人”假设		
	重视现实中的人际关系		
通用能力	培养交流思想的能力		
	分析企业管理思想的能力		
态度	促进管理理念更新		
努力方向：		建议：	

实训二 现代管理理论运用能力训练

任务1 中小微企业运用现代管理理论情况调研

任务描述：以小组为单位，选择6个不同行业，每个组员从6个行业中选择一家中小微企业，调研其企业管理中对现代管理理论的运用情况。请将研究成果做成展示PPT，并将要点记录在表2-6中。

表2-6　中小微企业借鉴管理理论研究

研究项目	研究结果
所选行业名称	
中小微企业名称	
主营业务范围	
借鉴现代管理理论 1	
借鉴现代管理理论 2	
借鉴现代管理理论 3	

任务2　定位创业公司管理理念

任务描述：根据模块一的实训创建创业公司的业务需求，充分运用现代管理理论设计创业公司的宗旨、经营理念、经营哲学。请将研究成果做成展示PPT，并将要点记录在表2-7中。

表2-7　创业公司管理理念研究

研究项目	研究结果
创业公司所属行业	
创业公司名称	
主营业务范围	
公司宗旨	
经营理念	
经营哲学	

训练效果评价

考核评价内容如表2-8所示。

表2-8　描述现代管理理论能力考核评价表

内容		评价	
学习目标	评价内容	个人评价 （5、4、3、2、1）	小组评价 （5、4、3、2、1）
应知应会知识	管理理论的 11 大流派		
	学习型组织的主要观点		
专业能力	正确认识管理理论“丛林”		
	重视管理发展的新趋势		
通用能力	培养交流思想的能力		
	分析企业管理思想的能力		
态度	促进管理理念更新		
努力方向：		建议：	

实训三　组织文化建设能力训练

任务1　民族企业组织文化调研

任务描述：以小组为单位，选择6个不同行业，每个组员从6个行业中选择一家民族知名企业，调研其组织文化建设情况。请将研究成果做成展示PPT，并将要点记录在表2-9中。

表2-9　民族企业组织文化研究

研究项目	研究结果
所属行业	
民族知名企业名称	
组织文化标语	
组织文化物质层	
组织文化制度层	
组织文化精神层	

任务2 设计创业公司组织文化建设方案

任务描述：根据模块一的实训创建创业公司的业务需求，充分运用管理理论设计创业公司的组织文化建设方案。请将研究成果做成展示PPT，并将要点记录在表2-10中。

表2-10 创业公司组织文化建设方案

研究项目	研究结果
创业公司名称	
主营业务范围	
组织文化标语	
组织文化物质层	
组织文化制度层	
组织文化精神层	
组织文化建设方案	

训练效果评价

考核评价内容如表2-11所示。

表2-11 组织文化设计能力考核评价表

内容		评价	
学习目标	评价内容	个人评价 （5、4、3、2、1）	小组评价 （5、4、3、2、1）
应知应会知识	组织文化的内涵		
	组织文化的构成		
	组织文化的功能		
	组织文化的建设方案		
专业能力	复述衡量管理好坏的标准		
	感悟管理的艺术性		
通用能力	培养有效管理能力		
	培养管理意愿		
态度	实现有效管理		
努力方向：		建议：	

复盘反思

1. 知识盘点：通过管理理论模块的学习，你掌握了哪些知识点？请画出思维导图。

2. 方法反思：完成本模块学习和实训的过程中，你学会了哪些分析和解决问题的方法？

3. 行动影响：在完成本模块学习和实训的过程中，你认为自己还有哪些地方需要改进？

实训模块评价

技能点评价

使用说明：

按技能点评价指标评定成绩，满分为100分。其中，各训练任务中技能点为60分，展示陈述为40分。教师评价占比为60%，学生互评占比为40%。

技能点评价指标		分值	得分
管理理论运用能力	调研企业行业分布代表性	10	
	近代管理理论精髓调研分析准确性	10	
	中小微企业运用现代管理理论调研分析科学性	10	
	民族企业组织文化调研分析准确性	10	
	创业公司管理理念定位准确性	10	
	创业公司组织文化建设方案可行性	10	
展示陈述	专业知识综合运用程度	10	
	视听觉辅助工具使用程度	10	
	团队合作	5	
	语言技巧	5	
	非语言技巧	5	
	时间分配	5	
合计得分			

素质点评价

使用说明：

按素质点评价指标评定成绩，按优秀为5分、良好为4分、一般为3分、合格为2分、不合格为1分五个等级评价，分为学生自评与小组成员互评。

素质点评价指标		得分	平均分
自评	团队合作精神和协作能力：能与小组成员合作完成项目		
	交流沟通能力：能良好表达自己的观点，善于倾听他人的观点		
	信息素养和学习能力：善于搜集并借鉴有用资讯和好的思路想法		
	独立思考和创新能力：能提出新的想法、建议和策略		

续表

素质点评价指标		得分	平均分
组员 1	团队合作精神和协作能力：能与小组成员合作完成项目		
	交流沟通能力：能良好表达自己的观点，善于倾听他人的观点		
	信息素养和学习能力：善于搜集并借鉴有用资讯和好的思路想法		
	独立思考和创新能力：能提出新的想法、建议和策略		
组员 2	团队合作精神和协作能力：能与小组成员合作完成项目		
	交流沟通能力：能良好表达自己的观点，善于倾听他人的观点		
	信息素养和学习能力：善于搜集并借鉴有用资讯和好的思路想法		
	独立思考和创新能力：能提出新的想法、建议和策略		
组员 3	团队合作精神和协作能力：能与小组成员合作完成项目		
	交流沟通能力：能良好表达自己的观点，善于倾听他人的观点		
	信息素养和学习能力：善于搜集并借鉴有用资讯和好的思路想法		
	独立思考和创新能力：能提出新的想法、建议和策略		
组员 4	团队合作精神和协作能力：能与小组成员合作完成项目		
	交流沟通能力：能良好表达自己的观点，善于倾听他人的观点		
	信息素养和学习能力：善于搜集并借鉴有用资讯和好的思路想法		
	独立思考和创新能力：能提出新的想法、建议和策略		
组员 5	团队合作精神和协作能力：能与小组成员合作完成项目		
	交流沟通能力：能良好表达自己的观点，善于倾听他人的观点		
	信息素养和学习能力：善于搜集并借鉴有用资讯和好的思路想法		
	独立思考和创新能力：能提出新的想法、建议和策略		
总评得分			

课后拓展

参观走访

训练项目　企业管理思想调查

【实训目标】

1. 培养分析企业管理思想的能力。

2. 培养初步运用管理理论解决问题的能力。

【实训内容与方法】

1. 以小组为单位，选择1～2个中小企业进行调查与访问。

2. 在调查访问之前，每个小组需要根据所学知识，并经过讨论制定调查访问的提纲，包括调研的主要问题与具体安排。具体内容可参考下列问题：

（1）调查企业基本概况。

（2）企业经营理念体现哪些管理思想精髓？

（3）收集企业制度、企业精神信息。

（4）收集企业文化信息。

（5）企业文化体现在哪些方面？并作简要分析。

3. 调查访问结束后，小组成员组织一次交流与讨论。

【标准与评估】

1. 标准：必须到真实企业中做实地调查，并能运用古今中外的管理思想进行分析。

2. 评估：（1）每人写一份简要的调查访问报告。（2）以小组为单位，分别由小组负责人根据每个成员在调研中的表现进行评估打分。（3）对各小组的调查报告及其成员在讨论中的表现分别评估打分。

管理辩论

题目 麦格雷戈的X-Y理论

正方：支持Y理论

反方：支持X理论

【实训目标】

1. 了解麦格雷戈的人性假设理论。

2. 培训学生运用管理理论指导管理实践的能力。

3. 初步学会人性化的管理方式。

4. 锻炼口才和反应能力。

5. 锻炼团队的组织和协作能力。

【实训内容】

1. 论述管理理论的应用。

2. 论述管理理论对管理实践的影响作用。

3. 探讨管理理论对管理方式的指导作用。

【方法与要领】

1. 分正方与反方两组，全班可分为若干小组进行组合。

2. 每个小组推荐4名辩手并依次排序第一辩手、第二辩手、第三辩手、第四辩手，角色分工：1辩陈述观点、2辩3辩自由辩论、4辩总结观点。

3. 正方支持Y理论，即“人性本善”假设，坚持采取Y理论的管理方式。

4. 反方以X理论的论点反驳正方，即“人性丑恶”的假设，坚持采取X理论的管理方式。

5. 正反双方在辩论中，既要回答对方的提问，也要向对方提出疑难问题，要求对方解答。

6. 坚持理论与实践相结合，做到举例鲜明生动，正反双方都要形成书面辩论资料呈给老师或者评委。

【成绩测评】

由教师、学生或者邀请企业领导者评价辩论的结果。

管理游戏

管理小游戏：点钞

【训练目的】

领悟科学管理的重要性。

【材料用具】

几叠不同面值的点钞纸（每组5人，100元、10元、1元点钞纸各50张）。

【训练时间】

实训时间45分钟。

【规则程序】

（1）进行手持式点钞比赛（包括单指单张、单指两张、三指三张、四指四张、五指五张），记录点钞时间。

（2）进行单指单张点钞比赛（包括手持式和桌按式），记录点钞的时间。

（3）记录并比较不同手型（粗细手）的点钞时间。

（4）除记录者外，小组的每位同学都必须参与。

（5）比赛分为小组内竞赛和小组间竞赛。

【考核标准】

在其他条件相同时，点钞时间最短者获胜。

【问题讨论】

（1）该活动哪些方面体现了科学管理的重要性？

（2）你们小组成员如何协作完成任务？

（3）你在团队中是观望者、倡议者、追随者还是领导者？

【个人感悟】

管理技能测试

测试1 你适不适合做一个高效的管理者

在管理范畴中，“胡萝卜”常被引申为有效的激励机制，发放“胡萝卜”奖励，可以充分体现领导的明智和人情味儿。因此，要成为真正高效的管理者，你必须得花点心思，准备多种多样的“胡萝卜”，当然包括“不花钱的胡萝卜”，在精神上激励员工，让他们活跃在你所营造的“胡萝卜文化”中，乐此不疲地前进。那么，你属于善于发放“不花钱的胡萝卜”的精明领导吗？回答以下问题，并计算出总的得分。

【测试要求】

表2-12中每一个问题，在与你意愿最符合的选项上打“√”，然后合计你的分数。

表2-12 测试你适不适合做一个高效的管理者

序号	测试描述	是的	偶尔	从不
1	你对下属的行为表示满意时会用肢体语言来表示，如点头微笑，拍肩赞许	A	B	C
2	你会在开会或其他员工在场的时候对某位员工的良好行为提出当众表扬	A	B	C
3	不光提出口头表扬，你还会号召其他员工向受表扬的员工鼓掌示意，让他享受集体的尊重	A	B	C
4	你会给激励对象加上一个“先进工作者”或“绩效模范”之类的光荣称号	A	B	C
5	你会给激励对象颁发奖状，通过这种书面证明来满足员工的荣誉感	A	B	C
6	你会把乏味的一件任务说得很难，让员工感觉在从事一件非常具有挑战性的工作，激发他认真而充满激情地去完成	A	B	C
7	你会把激励对象树立为典型，并且鼓励其在会上作报告，既让他人向他学习，也让被树为典型的他一如既往地把优良作风贯彻下去	A	B	C
8	为了激励，你会弱化自己，去征求激励对象的意见，以显示他的意见很重要，他本人很受你器重	A	B	C

续表

序号	测试描述	是的	偶尔	从不
9	你会在合适的时候，如逢年过节，对员工的私人生活嘘寒问暖，表示关怀	A	B	C
10	你会在对员工有特殊意义的日子里（如生日、结婚等）送上一张亲笔签名的贺卡	A	B	C
11	你会抽出一定的时间和员工一起共进午餐，给他们受赏识的幸福感觉	A	B	C
12	你会让员工有自己制定工作目标和计划的空间，以提高员工实现目标的主动性	A	B	C
合计得分				

【测试结论】

每题选A得3分，选B得2分，选C得1分，最后将分数合计。

得分为12～19分的：你看上去不是很善于发放“不花钱的胡萝卜”，但看得出你十分务实，在“胡萝卜”激励的过程中，所谓“不花钱的胡萝卜”满足的是员工的精神需要，从某种意义上来讲，是务虚的，而奖金、晋升等激励方式不光效果强，而且最为实在直接。但请记住，凡事都讲究虚实结合，关注员工的精神需要是必需的，反正这种“胡萝卜”不花钱，何乐而不为呢？

得分为20～28分的：你有发放“不花钱的胡萝卜”的意识，但对于发放“胡萝卜”还没到非常积极的地步，你发放“不花钱的胡萝卜”的水平在社会领导层中处于中等。其实你可以把发放“胡萝卜”转化为一种习惯，因为它可以让你用最小的代价获得最大的效果，形成“胡萝卜文化”并没有什么不好。

得分为29～36分的：你是最擅长发放“不花钱的胡萝卜”的领导，你对人的了解可谓入木三分，对员工的心理需求拿捏得当，懂得攻心之道。同样，实质性的奖励也是必要的，无论是“花钱的胡萝卜”还是“不花钱的胡萝卜”，只要能提升团队竞争力就是“好胡萝卜”！

测试2 组织文化适应性

【测试要求】

表2-13中每一个问题，在与你意愿最符合的选项上打“√”，然后加总你的分数。

表2-13　哪一种组织文化最适合你？

序号	测试描述	非常赞同	赞同	不确定	不赞同	非常不赞同
1	我喜欢成为团队的一员并根据我对团队的贡献来评价我的绩效	SA	A	U	D	SD
2	个人的需要不应当为实现部门的目标作为妥协	SA	A	U	D	SD
3	我喜欢老板让我自由处置我的工作	SA	A	U	D	SD
4	我喜欢冒风险带来的激动和刺激的体验	SA	A	U	D	SD
5*	人们不应该违反规则	SA	A	U	D	SD
6*	组织中资历高的人应当得到较高的报酬	SA	A	U	D	SD
7*	我崇尚权力	SA	A	U	D	SD
8	一个人工作绩效差与他的努力程度无关	SA	A	U	D	SD
9*	我喜欢可以预测的事情	SA	A	U	D	SD
10	我宁愿自己的身份和地位来自于自己职业的专长，而不是来自于雇用我的组织	SA	A	U	D	SD
合计得分						

【测试结论】

SA=非常赞同；A=赞同；U=不确定；D=不赞同；SD=非常不赞同。

对于项目5、6、7和9，分数如下：

非常赞同=+2

赞同=+1

不确定=0

不赞同=−1

非常不赞同=−2

对于项目1、2、3、4、8和10，分数与此恰好相反（如非常赞同=−2等）。合计你的全部得分，你的得分将落入−20～+20的区间。

你的得分意味着什么？你的得分越高（正），你越是对正规的、稳定的、规则导向的和结构化的文化感觉良好，这对应着处于稳定环境中的大公司和政府机构。负的得分表明你更喜欢那种小型、创新、灵活、团队导向的文化，这种文化常见于研究单位和小型企业。

模块三　计划与决策能力训练

教学目标

知识目标

1. 理解计划的概念、特点、种类及作用。
2. 掌握计划编制的程序和方法。
3. 了解计划书内容的基本构成和写法。
4. 掌握经营环境分析的方法。
5. 掌握决策的常用技术方法。

能力目标

1. 能够运用计划的编制方法合理制订学习计划。
2. 具备编制计划书的能力。
3. 培养自己搜集、分析、评价信息和选择方案的能力。
4. 能够灵活运用决策的常用技术方法解决实际问题。

素质目标

1. 具有团队合作精神和协作能力，小组能够协调分工合作完成任务。
2. 具备良好的交流沟通能力，能够有效表达观点并完成成果汇报展示。
3. 具备良好的信息素养和学习能力，能够运用正确的方法和技巧搜集信息、整理信息、分析信息。
4. 具有独立思考和创新能力，能够掌握相关知识点并完成实训任务。

思政目标

1. 树立科学而周密的计划是成功的一半的思想意识。
2. 规划人生，具有实现民族复兴的理想和责任担当。
3. 树立没有调研就没有发言权的意识。
4. 具备承担决策风险的心理素质，防患于未然，才能化危机为契机。
5. 牢筑底线思维，工作中应该守住底线。

思维导图

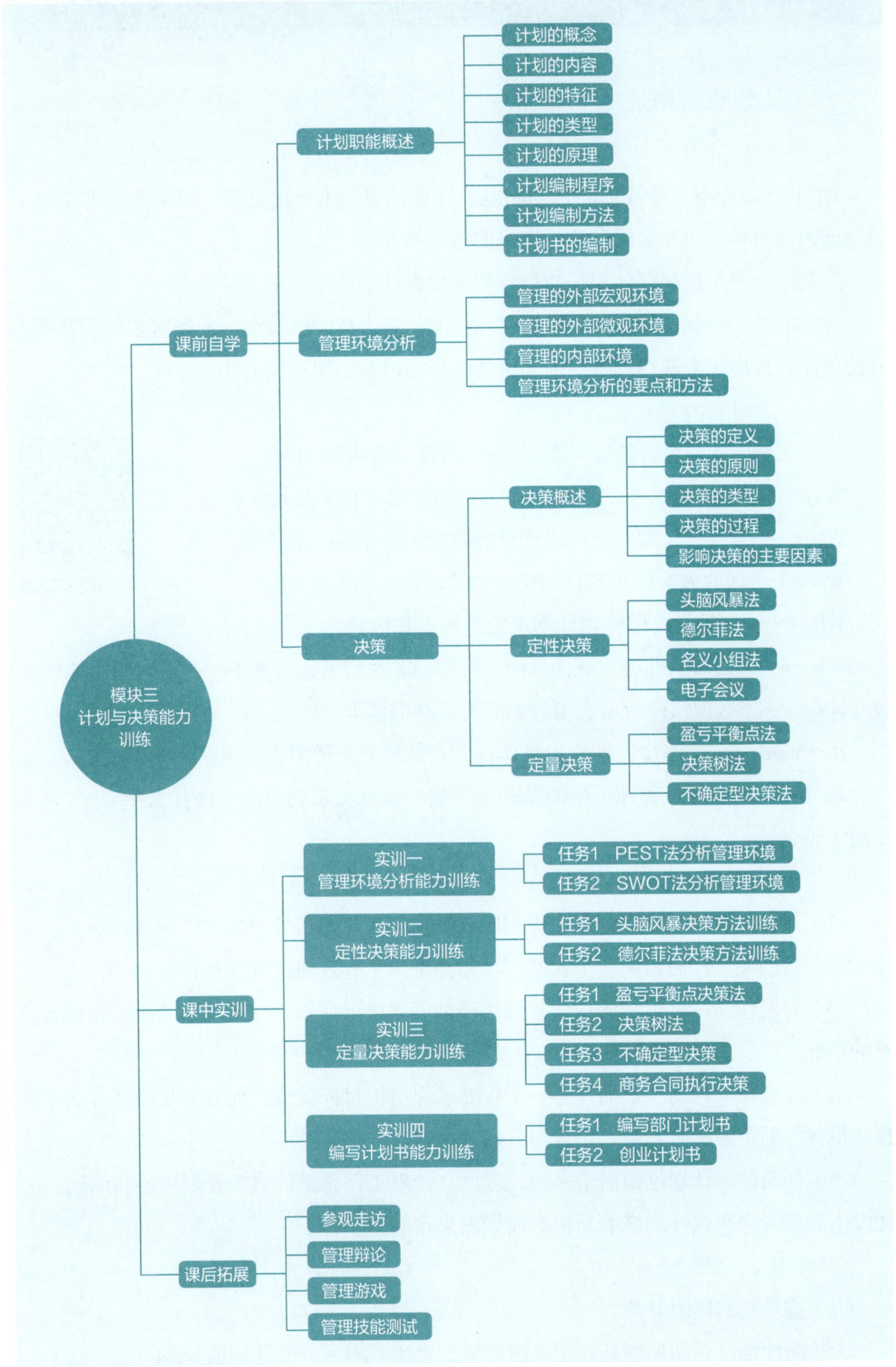
模块三
计划与决策能力训练
课前自学
计划职能概述
计划的概念
计划的内容
计划的特征
计划的类型
计划的原理
计划编制程序
计划编制方法
计划书的编制
管理环境分析
管理的外部宏观环境
管理的外部微观环境
管理的内部环境
管理环境分析的要点和方法
决策
决策概述
决策的定义
决策的原则
决策的类型
决策的过程
影响决策的主要因素
定性决策
头脑风暴法
德尔菲法
名义小组法
电子会议
定量决策
盈亏平衡点法
决策树法
不确定型决策法
课中实训
实训一
管理环境分析能力训练
任务1 PEST法分析管理环境
任务2 SWOT法分析管理环境
实训二
定性决策能力训练
任务1 头脑风暴决策方法训练
任务2 德尔菲法决策方法训练
实训三
定量决策能力训练
任务1 盈亏平衡点决策法
任务2 决策树法
任务3 不确定型决策
任务4 商务合同执行决策
实训四
编写计划书能力训练
任务1 编写部门计划书
任务2 创业计划书
课后拓展
参观走访
管理辩论
管理游戏
管理技能测试

课前自学

一、计划职能概述

（一）计划的概念

计划（Planning）是管理的首要职能。计划是组织未来的蓝图，是对组织在未来一段时间内的目标、达标途径和达标策略的筹划和安排。

广义的计划包括制订计划、执行计划和检查计划。

狭义的计划指制订计划，即根据实际情况，通过科学的预测，权衡客观的需要和主观的可能，提出在未来一定时期内要达到的目标以及实现目标的途径。

（二）计划的内容

一个完整的计划要清楚地回答下列7个问题，简称5W2H。

计划职能概述

Why——为什么做？即说明此计划制订的原因、意义及其重要性。

What——做什么？即明确一项计划的内容和具体的工作任务。

When——何时做？即规定计划中各项活动方案的进度表。

Where——何地做？即明确计划实施的地点和区域。

Who——谁去做？即确定该任务的执行部门和执行者，以便下一步进行组织落实。

How——怎么做？即指出实施计划的方法和措施等。

How much——做多少，即指出具体计划在数量上要做多少。

总之：计划工作是管理工作的基础。计划工作既关系到目的（做什么），也关系到手段（怎么做）。

（三）计划的特征

（1）首要性。计划是进行其他管理职能的基础或前提条件。

（2）目的性。任何组织或个人制订计划都是为了有效地达到某种目标。

（3）普遍性。一是组织的任何管理活动都需要进行计划；二是计划是所有管理者应有的功能。

（4）经济性。计划工作的任务，不仅要确保组织目标完成，而且要从众多方案中选择“最优”的资源配置方案，以求得合理利用资源和提高效率。

（5）创新性。计划是面向未来的，因此，计划工作总是针对需要解决的新问题，可能发生的新变化和或许到来的新机遇而做出决定的。

（四）计划的类型

（1）按计划的期限分类。

①长期计划：长期计划是确定组织今后发展的方向，一般计划期为5年（含）以上。

②中期计划：中期计划主要是确定组织具体的目标和战略，一般计划期为1～5年。

③短期计划：短期计划主要是确定组织在短期内要完成的目标和任务，具有比较具体的方法和程序，一般是指1年（含）以下的计划，如年度的财务预算就是一种典型的短期计划。

（2）按计划制订者的层次分类。

①战略计划：战略计划是由高层管理者制订的，它涉及组织的宗旨、目标以及资源在各部门如何合理配置等重大问题。它具有长期性、普遍性和权威性三个显著特点。一旦战略计划失误，组织的生存与发展必将受到严重的影响。

②战术计划：战术计划是指将战略计划转化为有确定时间期限的目标和措施的计划，通常也称业务计划，以年度计划为主。战术计划是由中层管理者编制的。

③作业计划：作业计划是通过生产进度、产量、销售量、利润、预算等生产运作及财务管理的具体指标来保证管理计划中所规定目标的实现。它是管理计划如何实施的细节计划，计划期限较短。作业计划一般由基层管理者制订，计划中指标具体，任务明确。

（3）按计划的详细程度分类。

①具体性计划：具体性计划必须具有明确的可衡量的目标以及一套可操作的行动方案。

②指导性计划：指导性计划只规定一般主要方针或指出重点，不把管理者限定在具体目标或特定方案中，只为组织指明议程、统一方向，并不提供实际操作指南，给予行动者较大的自由处置权。

（4）按计划的形式分类。按计划内容形式的抽象到具体，可将其分为宗旨、目标、战略、政策、规则、程序、规划和预算，如图3-1所示。

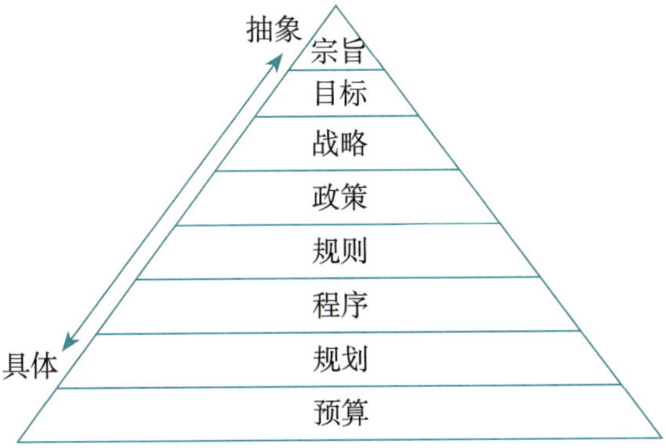

图3-1 计划的基本结构层次图

（5）按部门职能不同分类。可将计划分为生产计划、营销计划、财务计划、新产品开发计划、人事计划、后勤保障计划等。

（6）按计划的内容情况分类。可将计划分为专项计划与综合计划。

①专项计划：又称专题计划，是指为完成某一特定任务而拟订的计划，如人才培养计划、基本建设计划等。

②综合计划：是指对组织活动所做出的整体安排。综合计划与专项计划之间的关系是整体与局部的关系。

（7）按组织层次划分。可将计划分为高层管理计划、中层管理计划与基层管理计划。

①高层管理计划：一般属于战略计划，着眼于组织的长远安排，注重组织在环境中的定位。

②中层管理计划：是战术计划，用于协调组织内部各部门之间的关系及各部门的分目标。

③基层管理计划：着眼于每个岗位、每个员工、每个工作时间的工作安排和协调，基本是作业性内容。

（五）计划的原理

（1）限定因素原理。所谓限定因素，是指妨碍组织目标实现的因素，也就是说，在其他因素不变的情况下，仅仅改变这些因素，就可以影响组织目标的实现程度。

（2）许诺原理。许诺原理的主要内涵：任何一项计划都是对完成各项工作所做出的许诺，因而，许诺越大，实现许诺的时间越长，实现许诺的可能性就越小。

（3）灵活性原理。灵活性是有一定限度的，这一原理的限制条件如下：

①不能总是以推迟决策的时间来确保计划的灵活性。

②使计划具有灵活性是要付出代价的，甚至由此而得到的好处可能补偿不了它的费用支出，这就不符合计划的效率性。

③有些情况往往根本无法使计划具有灵活性。

（4）改变航道原理。改变航道原理可以表述为：计划的总目标不变，但实现目标的进程（即航道）可以因情况的变化随时改。

（六）计划编制程序

（1）机会分析。

（2）确定目标。

（3）明确计划的前提。

（4）提出可行方案。

（5）评价备选方案。

（6）选择方案。

（7）拟订支持计划。

（8）编制预算。

具体内容如图3-2所示。

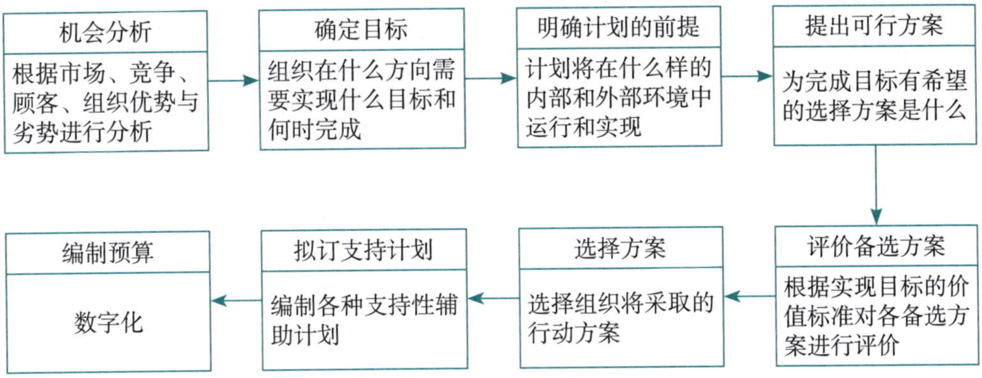

图3-2　计划编制程序

（七）计划编制方法

（1）运筹学方法。核心是运用数学模型，力求将相关因素都转化为变量形式反映在模型中，然后通过数学或统计的方法在一定的范围内解决问题。

（2）滚动计划法。滚动计划法是根据一定时期计划的执行情况，考虑组织内外环境条件的变化，适时调整计划，并相应地将计划期顺延一个时期，把近期计划与长期计划结合起来的一种动态编制计划的方法。

（3）网络计划方法。网络计划方法即PERT（Program Evaluation and Review Technique），其基本原理是利用网络图的形式，把某项任务或工程的各工序（或工作活动）之间的相互关系表示出来，并通过计算找出关键线路。

（八）计划书的编制

1. 计划书的构成（表3-1）

表3-1　计划书构成

部分	内容	说明
1. 计划导入	（1）封面	计划书的脸面，应充满魅力
	（2）前言	表明计划者的动机及计划者的态度
	（3）目录	计划书的目录
2. 计划概要	（4）计划概要	概述计划书的整体思路与内容
3. 计划背景	（5）现状分析	明确计划的出发点，说明计划的必要性及其前提

续表

部分	内容	说明
4. 计划意图	（6）目的、目标设定	确定计划的目的、目标，说明计划的意义
5. 计划方针	（7）概念的形成	明确计划的方向、原则，规定计划的内容
6. 计划构想	（8）确定实施策略的结构	明确计划实施的结构及其组织保证，提高计划的效果
	（9）具体实施计划	计划的具体内容，将实现目标的方法具体化
7. 计划设计	（10）确定实施计划	实施计划所需时间、费用及其他资源；预测计划可能获得的效果
8. 附录	（11）参考资料	附加的与计划相关的资料，增加计划的可信度

2. 计划书的写作技巧

（1）寻找一定的理论依据。

（2）适当举例。

（3）利用数字说明问题。

（4）运用图表帮助理解。

（5）合理利用版面安排。

（6）注意细节，消灭差错。

二、管理环境分析

管理环境分析

管理环境是指对组织绩效发挥着潜在影响的各种因素。管理环境是不断变化的。环境的变化一方面给组织造就了新的经营机会，另一方面又给组织带来某种威胁。

以组织边界来划分，可以把管理环境分为组织的外部环境和组织的内部环境。

组织的外部环境是对组织的生存与发展有直接和间接影响的外部机构和力量的总和。组织的外部环境按照其对组织影响的程度可以分为微观环境和宏观环境。管理的外部环境对组织的影响是间接的、长远的。当外部环境发生剧烈变化时，会导致组织发展的重大变革。

（一）管理的外部宏观环境

1. 政治、法律环境

政治、法律环境是指对组织经营活动具有作用或影响的政治力量及对组织经营活动加以限制和约束的法律法规。

政治环境包括组织所在国家或地区政局的稳定性，政治制度与体制，执政党的方针、政策、路线，政府对外来企业的态度等因素。

法律因素包括对组织经营具有约束力的法律法规，比如反不正当竞争法、税法、反垄断法、知识产权法等。

2. 经济环境

经济环境是指国民经济发展的总体状况，国际和国内经济形势及经济发展趋势，组织所面临的产业环境和竞争环境等（主要由社会经济结构、经济发展水平、经济体制和宏观经济政策四个因素构成）。

3. 社会环境

社会环境是指一定时期整个社会发展的一般状况，主要包括社会道德风尚、文化传统、人口变动趋势、文化教育、价值观念、社会结构等。

4. 技术环境

技术环境是指一个国家和地区的技术水平、技术政策、新产品开发能力以及技术发展动向。科技不仅是全球化的驱动力，也是企业的竞争优势所在。

技术环境影响产品的寿命周期、企业营销模式、管理技术及模式等。

5. 自然环境

自然环境是组织存在和发展的各种自然条件的总和。一般来说，自然环境包括地理位置、气候条件和自然资源状况等。

自然环境影响区位优势，社会经济发展及社会购买力、企业的产业结构、产品消费结构、产品品种和包装等。

对外部宏观环境因素作分析，不同行业和企业根据自身特点和经营需要，分析的具体内容会有差异，但一般都应对政治（Political）、经济（Economic）、技术（Technological）和社会（Social）这四大类影响企业的主要外部环境因素进行分析，称之为PEST分析法。

（二）管理的外部微观环境

管理的外部微观环境是指对组织服务其顾客的能力构成直接影响的各种力量，主要有市场、市场营销渠道、竞争者、公众等。

1. 市场

市场是一个组织所服务的对象，对于企业来讲就是企业产品的消费者。市场是一个组织活动的出发点和归宿点，是组织得以生存和发展的根本。要潜心研究消费者的需求特点、需求结构及其变化趋势。

2. 市场营销渠道

市场营销渠道包括各类资源的供应者和各类营销中间人。

（1）资源供应者。资源供应者是向组织及其竞争者提供生产经营所必需的原材料、零部件、能源、劳动力和资金等资源的企业或个人。

供应商提供资源的价格、品种以及交货期，直接制约着一个组织产品的成本、利润、销售量及作业进度安排。

组织既要与主要的供应商建立长期的信用关系，又要避免资源来源的单一化，受制于人。寻找质量和效率都信得过的供应商是企业取得竞争优势的一个重要条件。

（2）营销中间人。营销中间人是指为组织融通资金、推销产品、提供各种便利营销服务的组织和个人。

3. 竞争者

竞争者分析主要是对一个组织的行业环境进行分析。一个行业中的竞争存在着五种基本的竞争力量：

（1）潜在的行业新进入者。

（2）替代品的竞争。

（3）买方讨价还价的能力。

（4）供应商讨价还价的能力。

（5）现有竞争者之间的竞争。

一个组织对竞争者进行分析最关键的是要分析自己所处的竞争环境，以及自己的优势在哪、劣势是什么。

4. 公众

公众是指对一个组织实现目标的能力有实际的或潜在的影响的任何团体。

一个组织所面临的公众一般包括：融资公众、媒介公众、政府公众、社团公众、当地公众、内部公众等。

（三）管理的内部环境

管理的内部环境是制定战略的出发点、依据和条件，是竞争取胜的根本。影响管理活动的组织内部环境包括组织内部的硬环境和组织内部的软环境。

1. 组织内部的硬环境

组织内部的硬环境包括：

（1）物理环境要素。包括工作地点的空气、光线和照明、声音（噪声和杂音）、色彩等。创造一种适应员工生理和心理要求的工作环境，这是实施有序而高效管理的基本保证。

（2）生产条件要素。包括组织用于生产经营的机器设备等。这些生产条件因素的先进程度、技术含量直接影响组织的生产运行效率。

2. 组织内部的软环境

组织内部的软环境是指一个组织的员工队伍建设、员工的心理环境及组织文化环境建设状况。

（1）组织内部员工队伍的人数、结构和素质是一个组织未来发展的保证，建设一支高素质的员工队伍是组织可持续发展的基础。

（2）员工的心理环境。包括组织内部和睦融洽的人际关系、人事关系、组织成员的责任心、归属感、合作精神和奉献精神等。

（3）组织文化环境是组织为其成员构建的一套明确的价值观念和行为规范。

（四）管理环境分析的要点和方法

1. 识别环境的不确定性程度

美国学者邓肯（Duncan）提出从两个不同的环境层面来确定组织所面临的不确定性程度。一是环境变化的程度，属于静态（稳定）—动态（不稳定）层面；二是环境复杂性程度，属于简单—复杂层面。

2. 关注组织的具体环境

具体环境对组织的影响更直接、更频繁，所以是组织分析外部环境的焦点。在这方面，迈克尔·波特教授提出的“五种力量模型”是一种特别有效的分析工具。

3. 组织环境机会与威胁矩阵分析

环境机会评估主要是分析机会来源、机会强度并结合组织自身条件分析市场机会可利用程度。据图3-3可进行如下对策分析。

		威胁水平	
		低	高
机会水平	高	理想业务	冒险业务
	低	成熟业务	困难业务

图3-3 组织环境分析矩阵

（1）理想业务，即高机会和低威胁的业务。表示：组织面临良机，稳操胜券。

（2）冒险业务，即高机会和高威胁的业务。表示：组织机会多，威胁大，应理智冒险，争取成功。

（3）成熟业务，即低机会和低威胁的业务。表示：组织风平浪静，等待机会。

（4）困难业务，即低机会和高威胁的业务。表示：组织风雨飘摇，危在旦夕。

4. 管理环境综合分析

20世纪80年代初由旧金山大学的管理学教授提出，它是一种能够较客观而准确地分析和研究一个单位现实情况的方法。

SWOT分析是把组织内外环境所形成的机会（Opportunities），威胁（Threats），优势（Strengths），劣势（Weaknesses）四个方面的情况结合起来进行分析，以寻找制定适合本组织实际情况的经营战略和策略的方法。

通过SWOT分析，可以帮助组织把资源和行动聚集在自己的强项和有最多机会的地方，并让组织的战略变得明朗。

内部分析 外部分析	优势S 1. 2.（列出优势） 3.	劣势W 1. 2.（列出劣势） 3.
机会O 1. 2.（列出机会） 3.	SO战略 1. 2.（发挥优势 利用机会） 3.	WO战略 1. 2.（克服劣势 利用机会） 3.
威胁T 1. 2.（列出威胁） 3.	ST战略 1. 2.（利用优势 回避威胁） 3.	WT战略 1. 2.（减少劣势 回避威胁） 3.

图3-4　SWOT分析矩阵

在完成环境因素分析和SWOT矩阵的构造后，便可以制订出相应的行动计划（图3-4）。

（1）杠杆效应（优势+机会，SO战略：依靠内部优势，利用外部机会）。

（2）抑制性（机会+劣势，WO战略：利用外部机会，弥补内部劣势）。

（3）脆弱性（优势+威胁，ST战略：利用内部优势，规避外部威胁）。

（4）问题性（劣势+威胁，WT战略：减少内部劣势，规避外部威胁）。

三、决策

（一）决策概述

1. 决策的定义

决策是指为了实现某一特定目标，借助于一定的科学手段和方法，从两个或两个以上的可行方案中选择一个满意方案的分析判断过程。正确理解决策，需把握以下几个要点：

决策概述

①决策针对明确的目标。

②决策有多个可行方案。

③决策是对方案的分析、判断。

④决策是一个整体性的循环过程。

⑤决策采用的是科学的方法。

2. 决策的原则

①满意原则。决策遵循的是“满意原则”，而非“最优原则”。

②分级原则。组织高层、中层、基层要做好相应的决策，才能保障总体决策的可行性。

③集体和个人相结合的原则。决策过程既要民主又要集中，才能保证决策质量。

④整体效用原则。决策应在充分考虑局部利益的基础上，把提高整体效用放在首位。

⑤定性和定量分析相结合的原则。决策要求把以经验判断为主的定性分析与以现代科学方法为主的定量论证结合起来。

⑥预测与反馈原则。决策的正确与否取决于预测的正确程度；反馈是实现动态平衡，提高决策质量及实现决策科学化的保证。

3. 决策的类型

（1）按照决策的作用分类。

①战略决策：指有关企业发展方向的重大全局性决策，直接关系到组织生存发展的战略性和长远性问题。

②管理决策：又称战术决策或策略决策，是为保证企业总体战略目标的实现而解决局部问题的重要决策。

③业务决策：指基层管理人员为解决日常工作和作业任务中的问题所做出的决策。

（2）按照决策所解决问题的性质分类。

①程序化决策：指能按规定的程序和标准进行的决策。决策过程一般是标准化的、程序化的。通常，绝大多数业务决策和部分管理决策都属于程序化决策。

②非程序化决策：指具有极大偶然性、不确定性且无先例可循的决策。决策过程难以标准化、程序化，决策无处理经验可循。通常，绝大多数战略决策和部分管理决策属于非程序化决策。

（3）按照决策问题的条件分类。

①确定型决策：指未来事件发生的条件为已知情况下的决策，即决策者确知未来的环境条件，决策过程只要直接比较备选方案的执行优劣即可。

②风险型决策：指未来事件机遇条件发生的概率为已知情况下的决策，即可供选择的备选方案中，存在多种自然状态，且自然状态的发生概率是可以估计的，但不管哪种方案都有一定的风险。

③不确定型决策：指未来事件机遇条件发生的概率不能肯定的情况下做出的决策，

即决策者既不能预先确知未来的环境条件，也无法估计自然状态的发生概率，因此决策者对各备选方案的执行后果难以确切估计。

（4）按照决策主体分类。

①个体决策：决策过程由一个人完成。在组织中，个体决策一般是指在最后选定决策方案时，由最高领导做出决定的一种决策形式。

②群体决策：决策过程由两人以上的群体完成。在组织中，群体决策一般是指由几个人、一群人甚至整个组织的所有成员共同做出的决策。

4. 决策的过程

由于决策所要解决的问题复杂多样，决策的程序也不尽相同，但一般都遵循一些基本程序，如图3-5所示。

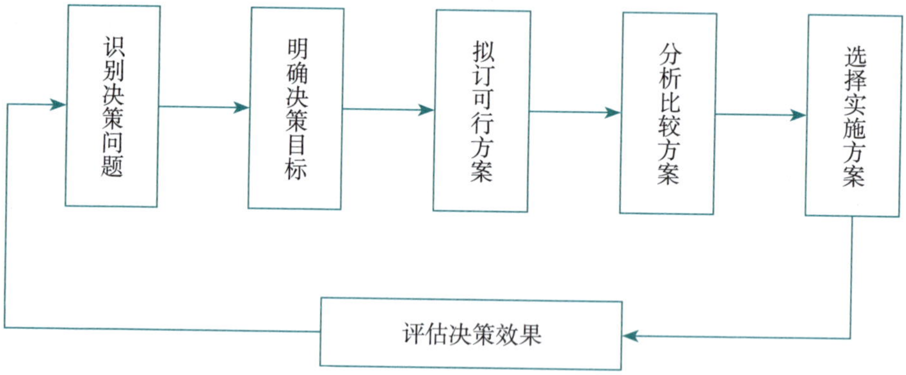

图3-5 决策基本过程示意图

5. 影响决策的主要因素

（1）环境因素。主要包括市场环境的稳定性、市场结构、买卖双方的市场地位。

（2）决策者因素。主要包括决策者对待风险的态度、个人能力。

（3）组织文化。不同的组织文化会影响到组织成员对待变化的态度，进而影响到一个组织对方案的选择与实施。

（4）时间因素。可分为时间敏感性决策和知识敏感性决策，时间敏感性决策是指必须迅速做出决策，对时间要求比较严格。知识敏感性决策是指对时间要求不高，而对质量要求较高的决策。

（二）定性决策

定性决策方法又称主管决策法，是指在决策中主要依靠决策者或有关专家的知识、经验、能力和智慧，在把握事物本质的基础上做出科学、合理决策的方法。定性决策方法主要包括头脑风暴法、德尔菲法、名义小组法等。

1. 头脑风暴法

头脑风暴（brain storming）法又称智力激励法。它是由美国创造学家亚历克斯·奥斯本于1939年首次提出、1953年正式发表的一种激发创造性思维的方法。

（1）头脑风暴法实施的原则。为使与会者畅所欲言，互相启发和激励，达到较高效率，必须严格遵守下列原则：

①提出不同的意见。鼓励每个人独立思考，开阔思路，不要重复别人的意见。

②追求数量。建议越多越好，参与者不要考虑自己建议的质量，想到什么就说什么。

③禁止批评和评论。对别人的意见不要反驳，不要批判，也不要下结论。

④可以补充和发展相同的意见。除提出自己的意见外，鼓励参加者对他人已经提出的设想进行补充、改进和综合。

（2）头脑风暴法的操作程序。

①准备阶段。决策会议负责人应事先确定问题的研讨范围，设定解决问题所要达到的目标。同时，选定参加会议人员，一般以5～10人为宜，不要超过20人。然后将会议的时间、地点、所要解决的问题、可供参考的资料和设想、需要达到的目标等事宜一并提前通知与会人员，让大家做好充分的准备。

②热身阶段。这个阶段的目的是创造一种自由、宽松、和谐的氛围，使大家得以放松，进入一种无拘无束的状态。

③明确问题。主持人应简明扼要地介绍有待解决的问题。

④重新表述问题。经过一段讨论后，大家对问题已经有了较深程度的理解。这时，为了使大家对问题的表述能够具有新角度、新思维，主持人或书记员要记录大家的发言，并对发言记录进行整理。通过记录的整理和归纳，找出富有创意的见解，以及具有启发性的表述，供下一步畅谈时参考。

⑤畅谈阶段。畅谈是头脑风暴的创意阶段。为了使大家能够畅所欲言，需要大家遵守的规则是：第一，不要私下交谈，以免分散注意力；第二，不妨碍及评论他人发言，每人只谈自己的想法；第三，发表见解时要简单明了，一次发言只谈一种见解。主持人将会议发言记录进行整理。

⑥筛选阶段。会议结束后的一两天内，主持人应向与会者了解会后的新想法和新思路，以此补充会议记录。然后将大家的想法整理成若干方案，再根据决策的一般标准进行筛选。经过多次反复比较和优中择优，最后确定一个比较满意的方案。

2. 德尔菲法

德尔菲法（delphi method）又名专家意见法，是第二次世界大战后发展起来的一种直观预测法，因美国兰德公司20世纪50年代初的一项研究而产生。德尔菲法被认为是全球120多种预测方法中使用比例最高的一种。德尔菲法有三个主要特点：匿名性、反馈性和统计性。

（1）德尔菲法的实施步骤。

①选择和邀请有相关经验的专家。

②将与问题有关的信息提供给专家，请他们各自独立发表自己的意见。

③管理者在收集并综合专家们的意见后，将综合意见反馈给各位专家，请他们再次发表意见。

④如此反复多次，最后形成代表专家组意见的方案。

（2）运用该方法要注意的问题。

①选择适当的专家。按照课题所需要的专业知识和知识范围选择适当专家。

②确定适当的专家人数。专家人数的多少可根据预测课题的大小和涉及面的宽窄而定，一般以10～50人较好。

③拟好意见调查表。调查表设计得好坏直接关系到预测的效果。在制表前，设计人员应对课题及其相关背景情况进行调查，以保证提问的针对性和有效性。

3. 名义小组法

名义小组法又称名义小组技术，是管理决策中的一种定性分析方法。在集体决策中如果对问题的性质不完全了解且意见分歧严重，则可采用名义小组法。在这种方法下，小组成员互不通气，也不在一起讨论、协商，小组只是名义上的，这样可以避免争吵或附和，同时还可以有效地激发个人的创造力和想象力。当采用这种方法时，管理者先召集一些有知识的人，向小组成员提供与决策问题相关的信息。小组成员独立思考，提出决策建议，并尽可能详细地将自己提出的备选方案写成文字资料。然后召集小组成员开会，让小组成员一一陈述自己的方案，再对所有方案进行投票。根据投票结果，赞成人数最多的备选方案即为所要的方案。当然，管理者最后仍有权决定是接受还是拒绝这一方案。

4. 电子会议

最新的定性决策方法，将群体决策与计算机技术相结合。参与会议的人围坐在一张马蹄形的桌子旁，所有人拥有一个计算机终端，通过大屏幕将问题显示给所有参会者，每个参会者将自己的意见打在计算机屏幕上，个人评论和票数统计都适时显示在会议室的大屏幕上。

（三）定量决策

定量决策方法，即决策的硬方法，可以分为静态决策分析法和动态决策分析法。这里主要介绍静态决策分析法。

定量决策

（1）盈亏平衡点法。即以盈亏平衡点产量或销量作为依据进行分析的方法，盈亏平衡分析原理如图3-6所示。

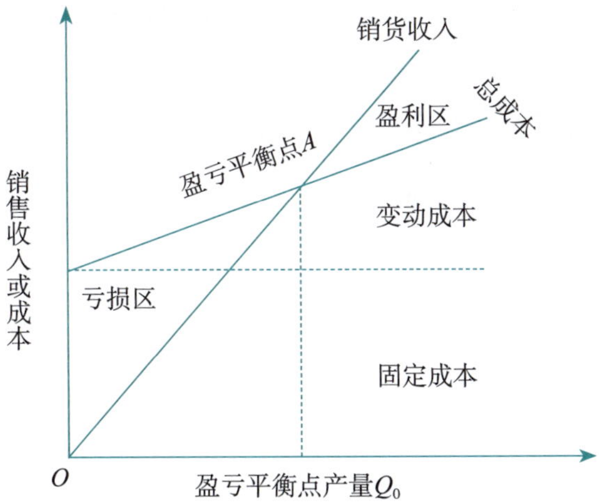

图3-6 盈亏平衡分析基本模型

盈亏平衡点产量或销量的基本公式为：

$$Q=\frac{C}{P-V}$$

式中：Q为盈亏平衡点产量（销量）；

C为总固定成本；

P为产品价格；

V为单位变动成本。

要获得一定的目标利润B时，其公式为：

$$Q=\frac{C+B}{P-V}$$

【例3-1】某企业生产甲种产品，2021年的销售量为48 000件，市场售价为每件500元，其固定成本为800万元，总的变动成本为1 200万元，求：

（1）盈亏平衡点销售量。（2）实现目标利润500万元时的销售量。

解：（1）盈亏平衡点销售量。

销售量：$Q=\frac{C}{P-V}=\frac{8\,000\,000}{500-12\,000\,000/48\,000}=\frac{8\,000\,000}{250}=32\,000$（件）

销售额：$Q\times P=32\,000\times 500=1\,600$（万元）

（2）实现目标利润500万元时的销售量。

销售量：$Q=\frac{C+B}{P-V}=\frac{8\,000\,000+5\,000\,000}{500-12\,000\,000/48\,000}=\frac{13\,000\,000}{250}=52\,000$（件）

（2）决策树法。指借助树形分析图，根据各种自然状态出现的概率及方案预期损益，计算与比较各方案的期望值，从而抉择最优方案的方法。

决策树分析法的基本步骤：

（1）从左向右画出决策树图形。

（2）计算各种状态下的期望值。

（3）选择最佳方案。

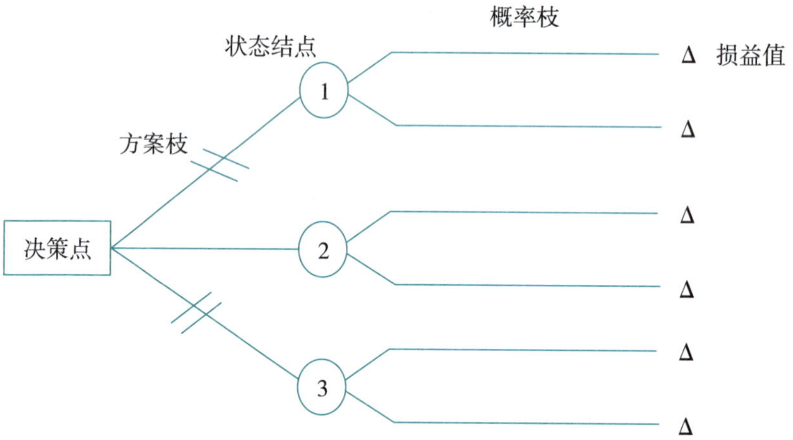

图3-7 决策树分析基本模型图

【例3-2】某企业欲开发某种新产品，现有甲、乙、丙三种方案可供选择，有关资料如表3-2所示，请用决策树法进行决策。

表3-2 三种方案自然状态下的概率及收益

方案	投资（万元）	自然状态下的概率及收益（万元）			使用年限
		销路好（0.5）	销路一般（0.3）	销路不好（0.2）	
甲	6	150	75	-25	3年
乙	7	110	80	30	3年
丙	8	80	50	40	3年

解：第一步，绘制决策树（图3-8）。

第二步，计算期望值：

$E_{甲}$=【150×0.5+75×0.3+（−25）×0.2】×3−6=271.5（万元）

$E_{乙}$=【110×0.5+80×0.3+30×0.2】×3−7=248（万元）

$E_{丙}$=【80×0.5+50×0.3+40×0.2】×3−8=181（万元）

第三步，剪枝决策：

$E=\max\{E_{甲}, E_{乙}, E_{丙}\}=\max\{271.5, 248, 181\}=271.5$（万元）

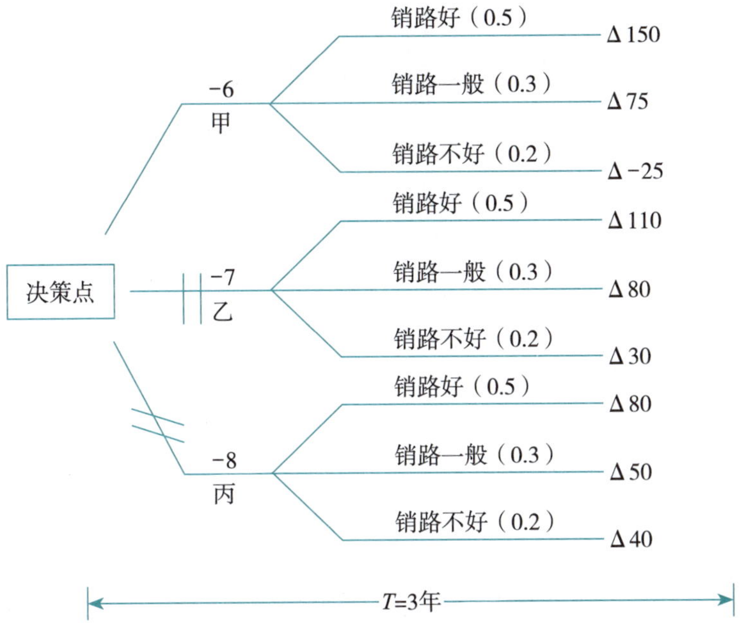

图3-8　决策树结构图

计算结果表明，选择甲方案，期望受益值为271.5万元。

（3）不确定型决策法。不确定型决策是指决策者对决策环境情况基本不了解，只能根据自己的主观倾向进行决策。根据决策者的主观态度不同，可以分为5种准则：悲观主义准则、乐观主义准则、等可能性准则、折中主义准则和最小机会损失准则。

【例3-3】某企业生产一种新产品，有三种可能的生产方案：大批生产、中批生产、小批生产，市场的需求状况也有三种可能：高度需要、中度需要，低度需要。表3-3显示三种生产方案在三种市场需求下的估计获利或亏损的数额。用等可能性准则进行决策分析，选择哪个方案生产？（单位：万元）

表3-3　自然状态下三种方案的利润情况　　单位：万元

方案	高度需要	中度需要	低度需要
大批生产	500	100	-80
中批生产	300	250	0
小批生产	100	100	100

（1）悲观主义准则（小中取大法）。具体算法是，先计算各方案最差的后果，然后从各方案最差的后果中选取最好的后果，该最好的后果对应的决策方案即是应选方案。具体求解过程如表3-4所示。

表3-4　悲观主义准则决策矩阵表　　单位：万元

方案	高度需要	中度需要	低度需要	min
大批生产	500	100	-80	-80
中批生产	300	250	0	0
小批生产	100	100	100	100max

所以，选择小批生产方案。

（2）乐观主义准则（大中取大法）。该准则的具体计算方法是，先计算各方案最好的后果，然后从这些最好的后果当中选择最好的，其所对应的决策方案即为应选方案。具体求解过程如表3-5所示。

表3-5　乐观主义准则决策矩阵表　　单位：万元

方案	高度需要	中度需要	低度需要	max
大批生产	500	100	-80	500max
中批生产	300	250	0	300
小批生产	100	100	100	100

所以应选大批生产方案。

（3）等可能性准则。该准则认为各方案发生的概率是一样的，计算方法就和前面所学过的风险性决策方法是一样的。先计算各方案的期望收益值，然后从各方案的期望收益值中选择最大的，其所对应的决策方案即为应选方案。具体求解过程如表3-6所示。

表3-6　等可能性准则决策矩阵表　　单位：万元

方案	高度需要	中度需要	低度需要	期望值
大批生产	500	100	-80	173．3
中批生产	300	250	0	183．3
小批生产	100	100	100	100

其中，173.3=500×（1/3）+100×（1/3）+（−80）×（1/3）

所以，选择中批生产方案。

（4）折中主义准则。具体计算方法是，先要求决策者根据经验和历史数据确定一个乐观系数a，然后用下式计算折中收益值：折中收益值=a×最大收益值+（1−a）×最小收益值，然后选取最大的折中收益值所对应的决策方案。假设a=0.2。具体求解过程如表3-7所示。

表3-7　折中主义准则决策矩阵表　　单位：万元

方案	高度需要	中度需要	低度需要	折中收益值
大批生产	500	100	-80	36
中批生产	300	250	0	60
小批生产	100	100	100	100

所以，选择小批生产方案。

（5）最小机会损失准则（最小最大后悔值法）。机会损失的含义是当某一事件发生后，由于决策者没有选用收益最大的方案而形成的损失值，也称之为后悔值。这个含义与前面的风险性决策准则中的含义相同。两者之间的区别在于风险型决策是知道每个自然状态发生的概率，而不确定型决策是不知道概率的。两者的计算方法也相似，只是不确定型决策不需要计算期望机会损失值而直接在每种方案的最大机会损失值中选择最小的方案，所以也叫大中取小法。

计算方法：首先将收益矩阵或损失矩阵变换为机会损失矩阵，即计算每种方案在不同状态下的机会损失值，然后选择每种方案的最大机会损失值，然后从最大机会损失值中选取最小的，对应的方案就是应选方案。

所对应的机会损失值（后悔值）如表3-8所示。

表3-8　最小机会损失准则决策矩阵表　　单位：万元

方案	高度需要	中度需要	低度需要	最大损失值
大批生产	500-500	250-100	100-（-80）	180
中批生产	500-300	250-250	100-0	200
小批生产	500-100	250-100	100-100	400

从表3-8中可以看出，各种方案最大的损失值为180、200、400，所以选择其中损失值最小的方案即大批生产方案。

自学测试

一、单选题

1．管理工作中居于主导地位的是（　　）。

A．组织　　B．领导　　C．控制　　D．计划

2．通过有控制的反馈，有效收集专家对某一问题的意见的决策方法是（　　）。

A．德尔菲技术　　B．头脑风暴技术

C．名义小组技术　　D．经营单位组合分析技术

3．美国克莱斯勒汽车公司的总经理艾柯卡曾经说过："等到委员会讨论以后再射击，野鸭子早就飞走了。"关于这句话，正确的理解是（　　）。

A．群体决策的目标往往是不明确的

B．群体决策的正确性往往比较差

C．群体决策往往不能把握市场的动向

D．群体决策往往不讲求时效性，只考虑做出合理的决策

4．某化工企业为了在竞争中处于有利地位，开发了某种投资很大的新产品，投产后非常畅销，企业领导也倍感欢欣。但不久便得知，由于该产品对环境有害，国家正在立法，准备逐步取缔该产品。企业顿时陷入一片阴影之中。从计划过程来看，该企业最有可能在哪个环节上做得不够周到？（　　）

A．估量机会、确立目标

B．明确计划的前提条件

C．提出备选方案，经过比较分析，确定最佳或满意方案

D．拟订派生计划，并通过预算使计划数字化

5．你正面临是否购买某种奖券的决策。你知道每张奖券的售价以及该期共发行奖券的总数、奖项和相应的奖金额。在这样的情况下，该决策的类型是什么（　　）。

A．确定型决策　　B．风险型决策　　C．不确定型决策　　D．冒险决策

二、多选题

1．以下属于决策原则的是（　　）。

A．系统原则　　B．效益原则　　C．科学性原则

D．艺术性原则　　E．民主化原则

2．按决策问题所处的条件及结果的可靠性，可将决策分为（　　）。

A．确定型决策　　B．程序化决策　　C．非程序化决策

D．风险型决策　　E．不确定型决策

3．以下属于行为决策理论的内容的是（　　）。

A．决策者的理性是有限度的

B．决策者的选择是相对有限的

C．决策者在识别和发现问题中容易受知觉上偏差的影响

D．大多数决策者往往寻求满意而不是最优方案

E．决策者对风险的接受程度将会影响其对具有不同风险的方案的选择

4．集体决策法主要有（　　）。

A．头脑风暴法　　B．德尔菲法　　C．名义小组技术法

D．盈亏平衡法　　E．决策树法

5．风险决策一般应具备的条件有（　　）。

A．有一个明确的决策目标

B．存在着决策者可供选择的两个以上的方案

C．存在着不以决策者意志为转移的两种以上的自然状态

D．不同的方案在两种自然状态下的损益值可以计算出来

E．能够预测各种自然状态发生的概率

三、判断题

1．长期计划往往是战略性计划，它规定组织在较长时期的目标以及为实现目标所应采取的措施和步骤。（　　）

2．管理的目的在于“有效地”做出决策，提高组织活动的成效。（　　）

3．规划是综合性的计划，它是为实现既定目标、任务分配、执行步骤、使用资源以及其他要素的复合体。通常情况下，规划需要政策的支持。（　　）

4．决策过程的第一步是拟订方案。（　　）

5．当前的计划越是影响到对未来的许诺，计划的期限应越短。（　　）

四、简答题

1．计划的类型有哪些？

2．计划工作的程序是什么？

3．简要分析头脑风暴法的操作程序。

4．在就业和创业两者之间，你将如何选择？为什么？

5．请运用管理学的方法和原理，分析你面临的环境，以及如何规划你的学业生涯。

课中实训

实训一 管理环境分析能力训练

任务1 PEST法分析管理环境

任务描述：以小组为单位选择某个行业，小组中每位成员选择这个行业中的某一企业，各成员选择的企业不得雷同，用PEST法分析其管理环境。请将研究成果做成展示PPT，并将要点记录在表3-9中。

表3-9 PEST法分析企业管理环境

研究项目	研究结果
企业名称	
主营业务范围	
政治环境分析	
经济环境分析	
社会环境分析	
技术环境分析	
同行竞争者分析	
服务对象分析	
企业内部环境分析	

任务2 SWOT法分析管理环境

任务描述：以小组为单位选择某个行业，小组中每位成员选择这个行业中的某一企业，各成员选择的企业不得雷同，用SWOT法分析其管理环境。请将研究成果做成展示PPT，并将要点记录在表3-10中。

表3-10 SWOT法分析企业管理环境

研究项目	研究结果
企业名称	
主营业务范围	
优势	
劣势	
挑战	
威胁	
企业发展战略	

训练效果评价

考核评价内容如表3-11所示。

表3-11 管理环境分析能力考核评价表

<table>
<tr><th colspan="2">内容</th><th colspan="2">评价</th></tr>
<tr><th>学习目标</th><th>评价内容</th><th>个人评价
（5、4、3、2、1）</th><th>小组评价
（5、4、3、2、1）</th></tr>
<tr><td rowspan="2">应知应会知识</td><td>PEST 法基本内容</td><td></td><td></td></tr>
<tr><td>SWOT 法基本内容</td><td></td><td></td></tr>
<tr><td rowspan="2">专业能力</td><td>掌握 PEST 法操作步骤</td><td></td><td></td></tr>
<tr><td>掌握 SWOT 法操作步骤</td><td></td><td></td></tr>
<tr><td rowspan="2">通用能力</td><td>培养调研能力</td><td></td><td></td></tr>
<tr><td>培养分析能力</td><td></td><td></td></tr>
<tr><td>态度</td><td>实现有效管理</td><td></td><td></td></tr>
<tr><td colspan="2">努力方向：</td><td colspan="2">建议：</td></tr>
</table>

实训二 定性决策能力训练

任务1 头脑风暴决策方法训练

任务描述：在美国某年冬天，盛传人们将需要冷饮，一些冷饮厂赶紧生产，但产品生产后无人问津，其中有个小型冷饮厂将自己全部资本都投入了产品的生产中，若这批产品卖不出去，后果将不堪设想。厂长苦心思索，仍无良策。一日，他在街上行走，发现一张海报，原来是一个很有名气的马戏团来这个城市演出的广告。他思考着如何利用这一机会将他的冷饮销售出去。运用头脑风暴法，尝试解决这一难题。每个成员提出自己的创意，鼓励队员积极进行智力互补，在增加自己提出创意的同时，注意思考如何把两个或更多的创意结合成另一个更完善的创意。请将研究成果做成展示PPT，并将要点记录在表3-12中。

表3-12 头脑风暴法销售创意记录

研究项目	研究结果
销售创意 1	
销售创意 2	
销售创意 3	
销售创意 4	
销售创意 5	
最佳销售创意	

任务2 德尔菲法决策方法训练

任务描述：以小组为单位拟订从6个行业中选择一个行业进行创业，每个组员选择其中一个行业，撰写本团队如在这个行业中创业需要具备的资源等要素。大家共同选定专家人员，可以是老师、行业企业内专家、创业成功的学者等多名。按照德尔菲法的操作流程，分成几个阶段给专家们发送信息。经过几轮，最后确定从事哪个行业进行创业。请将研究成果做成展示PPT，并将要点记录在表3-13中。

表3-13 德尔菲法决策过程记录

研究项目		研究结果
第一轮	专家 1 建议	
	专家 2 建议	
	专家 3 建议	
	专家 4 建议	
	专家 5 建议	
第二轮	专家 1 建议	
	专家 2 建议	
	专家 3 建议	
	专家 4 建议	
	专家 5 建议	
第三轮	专家 1 建议	
	专家 2 建议	
	专家 3 建议	
	专家 4 建议	
	专家 5 建议	
决策结果		

训练效果评价

考核评价内容如表3-14所示。

表3-14 定性决策能力考核评价表

内容		评价	
学习目标	评价内容	个人评价（5、4、3、2、1）	小组评价（5、4、3、2、1）
应知应会知识	决策的定义		
	决策的分类		
	决策的过程		
	头脑风暴会议		
	德尔菲法		
专业能力	概述决策的基本过程		
	复述影响决策的因素		
	陈述定性决策方法		

续表

内容		评价	
学习目标	评价内容	个人评价 （5、4、3、2、1）	小组评价 （5、4、3、2、1）
通用能力	科学决策能力		
	应变能力		
	创新能力		
态度	科学决策意识		
努力方向：		建议：	

实训三 定量决策能力训练

任务1 盈亏平衡点决策法

某大学生大学毕业后自主创业，准备代理销售某品牌产品，需要投资固定成本总额为50 000元，单件产品进货价格为28元，单件产品售出价格为44元。

（1）计算盈亏平衡点的销售量为多少？

（2）如果想获得目标利润为20 000元，则销售量应达到多少？

任务2 决策树法

某企业开发新产品，需要对A、B、C三个方案进行决策。三个方案的有效利用期均按6年计，所需投资A方案为2 000万元，B方案为1 600万元，C方案为1 000万元。据估计，该产品市场需求量最高的概率为0.5，需求量一般的概率为0.3，需求量最低的概率为0.2。各方案每年的损益值如表3-15所示。问题：应选择哪个投资方案？并画出决策树。

表3-15　三种方案的损益值　　单位：万元

方案	需求量最高 0.5	需求量一般 0.3	需求量最低 0.2
A 方案	1 000	400	100
B 方案	800	250	80

续表

方案	需求量最高 0.5	需求量一般 0.3	需求量最低 0.2
C 方案	500	150	50

任务3 不确定型决策

某商厦打算通过广告促销某种产品。根据市场预测，该产品销路有三种情况，即销路好、销路一般和销路差。广告促销有A、B、C三种方案，据估计，各方案在不同情况下的收益如表3-16所示：问用后悔值方法决策该商厦应该选择哪个方案?

表3-16　三种方案的收益情况

方案	销路好	销路一般	销路差
A	260	180	-60
B	400	270	-120
C	220	150	30

任务4 商务合同执行决策

甲乙两家公司，注册资本金分别为1 000万元和500万元，双方经多次谈判，最终达成了一个总金额为400万元的年度交易合同。这一合同包含了6次交易，规定甲方每两个月在接到乙方汇款通知后即向乙方发一次货。

在履行合同的过程中，双方遵循以下的市场规则（以出红、黑牌为例，红牌表示诚实履行合同，黑牌表示欺诈）。

（1）6次交易逐笔进行，即做完一笔再做下一笔。

（2）每一次交易双方同时出牌。若双方均为红牌，则各获利30万元；若双方均为黑牌，则双方各亏损20万元；若一方为红一方为黑，则出红牌方亏损50万元，出黑牌方获利50万元。其中，第三轮和第六轮的损益值加倍。

（3）双方每一次出什么牌都由各方董事会集体决策，决议过半数同意有效。

（4）在课堂模拟练习过程中，第一笔交易须在15分钟内完成，全部六次交易在50分钟内完成。如果在规定时间内没有做出相应的决策，则中止交易。

决策目标：为各自公司谋取最大的利润。

模拟目标：在全班的模拟决策练习中胜出。

奖惩措施：对于在全班模拟决策练习中取得最佳成绩的小组成员，给予每人相应的奖励；对于在全班模拟决策练习中成绩最差的小组成员，给予相应的扣分或其他处罚。

问题：

（1）要说明每轮决策是如何做出的，团队成员是如何思考的，最终决策的理由是什么?

（2）要反思决策过程，总结在此次决策模拟练习中得到的启示及经验教训。显然，这是一个集体决策的问题。要做好这个决策，需要注意以下几点：

（1）组建模拟决策小组。每个小组人数由单数组成，组数应为偶数，模拟董事会。

（2）由教师确定各组交易对象，分别代表甲乙两公司。交易双方在地理位置上尽可能离远一些。各小组成员理解模拟决策意图，画好表格，记录交易过程和结果。

（3）教师宣布开始，各小组开始决策讨论，决策双方各自写下决策思维过程和结果。

（4）在教师的协助和公证下，双方做完一笔再做下一笔，直到完成6笔交易为止。

（5）整个交易结束后，各方计算损益值，各自总结经验教训，并当场进行公开交流。模拟训练结束后，最终形成一份共同的实验报告上交。

训练效果评价

考核评价内容如表3-17所示。

表3-17　定量决策能力考核评价表

内容		评价	
学习目标	评价内容	个人评价（5、4、3、2、1）	小组评价（5、4、3、2、1）
应知应会知识	认识确定型决策		
	风险型决策		
	不确定型决策		

续表

内容		评价	
学习目标	评价内容	个人评价（5、4、3、2、1）	小组评价（5、4、3、2、1）
专业能力	学会运用盈亏平衡点法		
	能够绘制决策树		
	掌握不确定型决策的五种准则		
通用能力	科学决策能力		
	应变能力		
	创新能力		
态度	科学决策意识		
努力方向：		建议：	

实训四 编写计划书能力训练

任务1 编写部门计划书

任务描述：以小组为单位，根据实训一创建的创业公司主营业务，小组每个成员定位自己在创业公司中的工作岗位，运用计划职能原理制订部门工作计划。请将研究成果做成展示PPT，并将要点记录在表3-18中。

表3-18 部门计划书

研究项目	研究结果
创业公司名称	
主营业务	
工作岗位	
部门工作计划	

任务2 创业计划书

任务描述：根据创业公司的环境分析，初步制定创业计划书。请将研究成果做成展示PPT，并将要点记录在表3-19中。

表3-19　创业计划书

研究项目	研究结果
创业公司简介	
项目背景	
产品简介	
技术简介	
市场概况	
商业模式	
营销策划	
风险管控	

训练效果评价

考核评价内容如表3-20所示。

表3-20　制定企业计划能力考核评价表

<table>
<tr><th colspan="2">内容</th><th colspan="2">评价</th></tr>
<tr><th>学习目标</th><th>评价内容</th><th>个人评价
（5、4、3、2、1）</th><th>小组评价
（5、4、3、2、1）</th></tr>
<tr><td rowspan="3">应知应会知识</td><td>定义计划，解释计划作用</td><td></td><td></td></tr>
<tr><td>区分各种不同类型的计划</td><td></td><td></td></tr>
<tr><td>陈述各种计划方法的原理</td><td></td><td></td></tr>
<tr><td rowspan="2">专业能力</td><td>概述制订计划的基本步骤</td><td></td><td></td></tr>
<tr><td>学会计划编制的方法</td><td></td><td></td></tr>
<tr><td rowspan="2">通用能力</td><td>编制计划能力</td><td></td><td></td></tr>
<tr><td>创新能力</td><td></td><td></td></tr>
<tr><td>态度</td><td>务实、高效的态度</td><td></td><td></td></tr>
<tr><td colspan="2">努力方向：</td><td colspan="2">建议：</td></tr>
</table>

复盘反思

1. 知识盘点：通过计划与决策模块的学习，你掌握了哪些知识点？请画出思维导图。

2. 方法反思：完成本模块学习和实训的过程中，你学会了哪些分析和解决问题的方法？

3. 行动影响：在完成本模块学习和实训的过程中，你认为自己还有哪些地方需要改进？

实训模块评价

技能点评价

使用说明:

按技能点评价指标评定成绩，满分为100分。其中，各训练任务中技能点为60分，展示陈述为40分。教师评价占比为60%，学生互评占比为40%。

技能点评价指标		分值	得分
计划与决策能力	企业管理环境分析方法运用正确性	10	
	定性决策方法运用合理性	10	
	定量决策方法计算正确性	10	
	编制计划方法运用科学性	10	
	创业公司环境分析全面性	10	
	创业公司计划书编写完整性	10	
展示陈述	专业知识综合运用程度	10	
	视听觉辅助工具使用程度	10	
	团队合作	5	
	语言技巧	5	
	非语言技巧	5	
	时间分配	5	
合计得分			

素质点评价

使用说明:

按素质点评价指标评定成绩，按优秀为5分、良好为4分、一般为3分、合格为2分、不合格为1分五个等级评价，分为学生自评与小组成员互评。

素质点评价指标		得分	平均分
自评	团队合作精神和协作能力：能与小组成员合作完成项目		
	交流沟通能力：能良好表达自己的观点，善于倾听他人的观点		
	信息素养和学习能力：善于搜集并借鉴有用资讯和好的思路想法		
	独立思考和创新能力：能提出新的想法、建议和策略		

续表

素质点评价指标		得分	平均分
组员 1	团队合作精神和协作能力：能与小组成员合作完成项目		
	交流沟通能力：能良好表达自己的观点，善于倾听他人的观点		
	信息素养和学习能力：善于搜集并借鉴有用资讯和好的思路想法		
	独立思考和创新能力：能提出新的想法、建议和策略		
组员 2	团队合作精神和协作能力：能与小组成员合作完成项目		
	交流沟通能力：能良好表达自己的观点，善于倾听他人的观点		
	信息素养和学习能力：善于搜集并借鉴有用资讯和好的思路想法		
	独立思考和创新能力：能提出新的想法、建议和策略		
组员 3	团队合作精神和协作能力：能与小组成员合作完成项目		
	交流沟通能力：能良好表达自己的观点，善于倾听他人的观点		
	信息素养和学习能力：善于搜集并借鉴有用资讯和好的思路想法		
	独立思考和创新能力：能提出新的想法、建议和策略		
组员 4	团队合作精神和协作能力：能与小组成员合作完成项目		
	交流沟通能力：能良好表达自己的观点，善于倾听他人的观点		
	信息素养和学习能力：善于搜集并借鉴有用资讯和好的思路想法		
	独立思考和创新能力：能提出新的想法、建议和策略		
组员 5	团队合作精神和协作能力：能与小组成员合作完成项目		
	交流沟通能力：能良好表达自己的观点，善于倾听他人的观点		
	信息素养和学习能力：善于搜集并借鉴有用资讯和好的思路想法		
	独立思考和创新能力：能提出新的想法、建议和策略		
总评得分			

课后拓展

参观走访

训练项目1 企业经营环境调查

【实训目标】

1. 培养分析企业经营环境的能力。
2. 初步具备编制计划书的能力。

【实训内容与方法】

1．以小组为单位，选择1～2个中小企业进行调查与访问。

2．在调查访问之前，每个小组需要根据所学知识，并经过讨论制定调查访问的提纲，包括调研的主要问题与具体安排。具体内容可参考下列问题：

（1）调查企业经营基本概况。

（2）收集企业所在行业信息。

（3）调查企业部门划分情况。

（4）收集企业部门工作计划信息。

（5）企业部门工作计划有哪些体现方式？并作简要分析。

3．调查访问结束后，小组成员组织一次交流与讨论。

【标准与评估】

1．标准：必须到真实企业中做实地调查，并能运用PEST法、SWOT法对环境进行分析。

2．评估：（1）每人写一份简要的调查访问报告。（2）以小组为单位，分别由小组负责人根据每个成员在调研中的表现进行评估打分。（3）对各小组的调查报告及其成员在讨论中的表现分别评估打分。

训练项目2　模拟决策：产品决策

【实训目标】

1．加深对决策有关知识的理解。

2．培养初步的决策能力。

【实训内容与方法】

1．阅读以下案例资料，进行相关的决策分析。

2．采取个人决策、公司决策、班级交流与研讨的方式进行。

亚洲市场P系列产品需求、价格预测市场环境如图3-9所示，某企业打算生产P1、P2、P3、P4四种产品来满足亚洲市场的需求。请根据所提供的资料回答以下问题：

（1）对该企业所处的亚洲市场进行环境分析。

（2）请决策P1、P2、P3、P4四种产品该企业到底应生产什么？

【标准与评估】

1．标准：能运用所学知识对案例进行科学决策。

2．评估：（1）每个人的发言提纲可作为一次作业评定成绩。（2）根据在模拟公司或班级讨论中发言的表现进行评价。

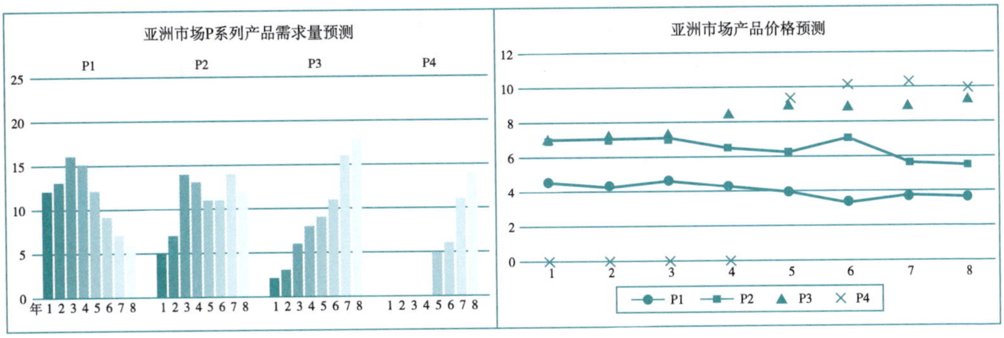

图3-9 亚洲市场P系列产品市场状况

这个市场一向波动较大，所以对P1产品的需求可能起伏较大，估计对P2产品的需求走势与P1相似。但该市场对新产品很敏感，因此估计对P3、P4产品的需求会发展较快，价格也可能不菲。另外，这个市场的消费者很看重产品的质量，所以没有ISO 9000和IS1 4000认证的产品可能很难销售。

管理辩论

题目 凡事预则立，不预则废

正方：凡事预则立，不预则废

反方：做计划浪费时间，不做计划也能成功

【实训目标】

1. 理解计划的概念、特点及作用。
2. 掌握计划编制的程序和方法。
3. 学会编制计划书。
4. 锻炼口才和反应能力。
5. 锻炼团队的组织和协作能力。

【实训内容】

1. 论述计划的作用。
2. 论述管理者掌握计划职能的要领对组织管理的影响。
3. 探讨编制计划的方法与技巧。

【方法与要领】

1. 分正方与反方两组，全班可分为若干小组进行组合。
2. 每个小组推荐4名辩手并依次排序第一辩手、第二辩手、第三辩手、第四辩手，角色分工：1辩陈述观点、2辩3辩自由辩论、4辩总结观点。
3. 正方论述凡事预则立，不预则废。

4. 反方论述做计划浪费时间，不做计划也能成功。

5. 正反双方在辩论中，既要回答对方的提问，也要向对方提出疑难问题，要求对方解答。

6. 坚持理论与实践相结合，做到举例鲜明生动，正反双方都要形成书面辩论资料呈给老师或者评委。

【成绩测评】

由教师、学生或者邀请企业领导者评价辩论的结果。

管理游戏

管理游戏：北极求生存

【训练目的】

头脑风暴、群体决策等。

【材料用具】

阅读材料：大约2月中旬上午10点，你乘坐的飞机坠落在北极。飞行员和副飞行员都遇难了，其他人都活着。飞行员在飞机坠落前没有告诉任何人飞机所在的位置，只有一些人在出事前向外观看，根据地上的标记，估计偏离航线有105千米。现在仅有以下物品供你们使用：磁性罗盘（A），桶装蜂蜜（B），睡袋（C），水净化药片（D），降落伞（E），13根火柴（F），尼龙绳（G），手电筒（H），雪地靴（I），甜酒（J），化妆镜（K），闹钟（L），手用斧头（M），飞机轮用内胎（N），导航星图（O），在这样的环境下如何生存下来？

【训练时间】

实训时间45分钟。

【规则程序】

请你根据阅读材料中物品的重要顺序排列，最重要的写“1”，第二重要的写“2”，以此类推，把排序的顺序填写在表3-21中。

第1步：个人单独思考13种物品的重要性排序，填写在个人排序这一列（5分钟）；

第2步：小组集体讨论13种物品的重要性排序，填写在小组讨论后排序这一列（15分钟）；

第3步：老师公布专家答案并计算得分；

第4步：每个小组成员个人单独思考排序得分的平均值与小组排序得分比较。

表3-21 物品重要性排序

物品	个人排序	小组讨论后排序	专家-个人取绝对值	专家-小组取绝对值
磁性罗盘（A）				
桶装蜂蜜（B）				
睡袋（C）				
水净化药片（D）				
降落伞（E）				
13 根火柴（F）				
尼龙绳（G）				
手电筒（H）				
雪地靴（I）				
甜酒（J）				
化妆镜（K）				
闹钟（L）				
手用斧头（M）				
飞机轮用内胎（N）				
导航星图（O）				
得分	—	—		

【考核标准】

（1）排列顺序与专家排序相减得分取绝对值，得分越低越好。

（2）小组排序得分低于每个小组成员个人单独思考排序得分，游戏成功，否则，讨论不充分，集体决策效率低。

【问题讨论】

（1）该活动体现了群体决策与个人决策有哪些区别？

（2）你们小组成员是如何决策完成小组排序的？

（3）你在团队中是观望者、倡议者、追随者还是领导者？

【个人感悟】

管理技能测试

测试1 你是一个称职的计划人员吗?

【测试要求】

表3-22中每一个问题，在与你情况最符合的选项上打“√”，然后合计你的分数。

表3-22 你是一个称职的计划人员吗?

序号	测试描述	选项	
1	我的个人目标能以文字的形式清楚地说明	是	否
2*	多数情况下我整天都是乱哄哄的和杂乱无章的	是	否
3	我一直都是用台历作为辅助	是	否
4	我很少仓促地做出决策，总是仔细研究了问题之后再行动	是	否
5	我利用“速办”或“缓办”卷宗对要办的事情进行分类	是	否
6	我习惯于对所有的计划设定开始日期和结束日期	是	否
7	我经常征求别人的意见和建议	是	否
8*	我想所有的问题都立刻得到解决	是	否
合计得分			

【测试结论】

对于项目1、3、4、5、6和7，分数如下：

是=+1

否=+0

对于项目2和8，分数如下：

是=+0

否=+1

你的得分将落在0～8分的区间内。评分标准为：

0～4：不称职的计划人员。

5～6：称职的计划人员。

7～8：优秀的计划人员。

测试2 决策能力自我评估

【测试要求】

表3-23中每一个问题，在与你意愿最符合的选项上打“√”，然后合计你的分数。

表3-23 决策能力自我评估表

序号	测试描述	从不	有时	经常	总是
1	我及时做出决策，并及时地实施它	1	2	3	4
2	决策前我仔细而全面地分析了情况	1	2	3	4
3	我把不必自己亲自做出的决策授权给下属去完成	1	2	3	4
4	我将理智和创新结合起来做出决策	1	2	3	4
5	我在开始具体的决策前分析决策的类型	1	2	3	4
6	根据自己对企业文化的理解来获得同事对决策的支持	1	2	3	4
7	我根据 80 ： 20 规则来确定优先因素	1	2	3	4
8	对战略性决策我花大力气对待	1	2	3	4
9	决策过程中我最大限度地寻求别人的参与	1	2	3	4
10	在完成一个正确决策的过程中，我向合适的人选咨询以获得他们的帮助	1	2	3	4
11	对自己以及竞争对手的 SWOT 各个方面进行全面分析	1	2	3	4
12	我用具有挑战性的、创新性的方法来剔除陈旧的观点	1	2	3	4
13	我鼓励大家团结协作而不是各自为战	1	2	3	4
14	我在会议前认真地准备方案，也鼓励其他人这样做	1	2	3	4
15	我根据最终的目标客观地分析和评估所有可选方案	1	2	3	4
16	我尽可能地从公司内部和外部收集各种有用的信息	1	2	3	4
17	我考虑实施决策的计划及决策的效果	1	2	3	4
18	在分析结果时，我客观地判断每种方案成功的可能性	1	2	3	4
19	在合适的时候，我应用计算机帮助自己进行决策	1	2	3	4
20	我努力降低风险，但是在有把握的时候冒点风险也是必要的	1	2	3	4
21	我采用不同的情景设计来完善预测，并测试计划的可行性	1	2	3	4
22	我实事求是地决策，而不考虑决策提出者与自己的利害关系	1	2	3	4

续表

序号	测试描述	从不	有时	经常	总是
23	在整个过程中，我仔细寻求他人的支持	1	2	3	4
24	在制定行动计划时，我要求所有人都参与进来	1	2	3	4
25	我指定一个特定的人选对某个具体的行动负责	1	2	3	4
26	我与同事们公开地、真诚地并尽可能及时地交换对决策的看法	1	2	3	4
27	我努力鼓励他人对决策提出反对意见	1	2	3	4
28	我在适当的地方设置监督系统，并利用它们来监测进展的情况	1	2	3	4
29	在一个项目完成之后，我回顾行动过程以期发现和吸取经验教训	1	2	3	4
30	我将决策解释清楚，并努力使其他人理解它	1	2	3	4
31	我对自己招聘的人的行为负全部责任	1	2	3	4
32	我努力使每一个会议都有明确的结论和决策	1	2	3	4
合计得分					

【测试结论】

【分析】做完自测题后，将各题的得分加起来，根据下面的描述将知道自己的决策能力。不管你获得什么样的分数，或者你具有获得更高分数的潜力，总是有进一步提高的地方。认清自己的弱点和不足，并查阅本书相应的内容，可以找到实用的建议与技巧来改善和提高自己的决策能力。

32 ~ 63分：你的决策能力差，可以查阅得分最低的项目，采用你以前不曾使用的决策。

64 ~ 96分：你的决策能力良好，可以查阅得分较低的项目，进一步提高决策能力。

97 ~ 128分：你的决策能力优秀，继续保持你的决策能力，开发新的决策方式。

模块四　组织与人事能力训练

教学目标

知识目标

1. 了解组织的含义、构成要素、作用和类别。
2. 掌握组织结构设计的基本内容。
3. 掌握常见的组织结构形式及其特点。
4. 掌握岗位与制度设计的基本内容。
5. 了解人员配备的原则、程序和工作内容。
6. 理解组织变革的过程和程序，掌握组织变革的策略。

能力目标

1. 能够进行具体组织结构设计、分析和评价。
2. 能够制定简单的制度规范，并能有效执行。
3. 能够按照组织的一定程序、方法和要求，有效地组织招聘活动。

素质目标

1. 具有团队合作精神和协作能力，小组能够协调分工合作完成任务。
2. 具备良好的交流沟通能力，能够有效表达观点并完成成果汇报展示。
3. 具备良好的信息素养和学习能力，能够运用正确的方法和技巧搜集信息、整理信息、分析信息。
4. 具有独立思考和创新能力，能够掌握相关知识点并完成实训任务。

思政目标

1. 具备马克思主义人才观，树立“以人为本”的理念。
2. 树立责、权、利统一的思想。
3. 树立团队意识和团队精神，凝聚思想，取得协同效应，实现组织目标。
4. 具备职业法律意识，在组织制度建设方面能遵循并宣传相应的法律法规。

思维导图

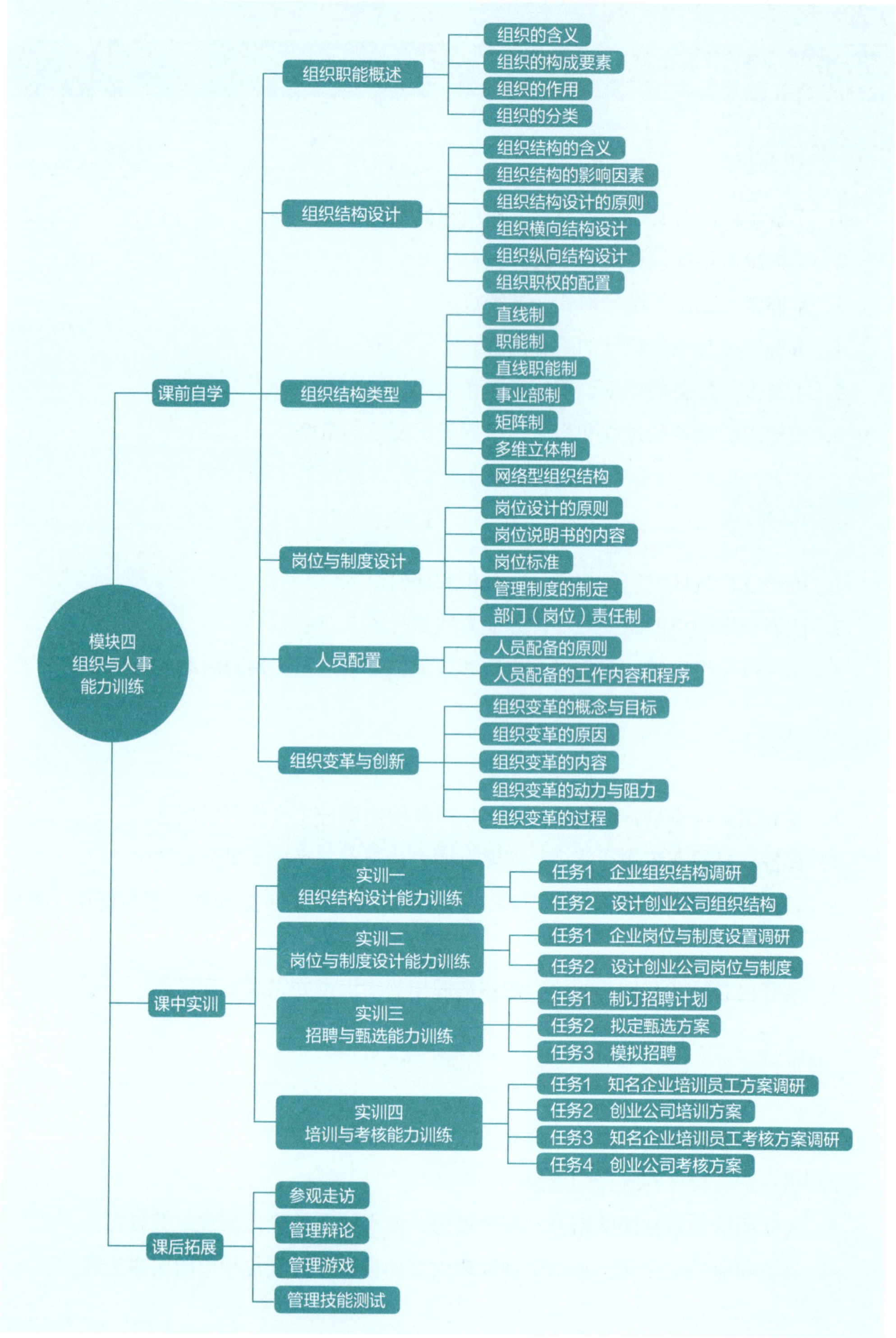
模块四
组织与人事
能力训练
课前自学
组织职能概述
组织的含义
组织的构成要素
组织的作用
组织的分类
组织结构设计
组织结构的含义
组织结构的影响因素
组织结构设计的原则
组织横向结构设计
组织纵向结构设计
组织职权的配置
组织结构类型
直线制
职能制
直线职能制
事业部制
矩阵制
多维立体制
网络型组织结构
岗位与制度设计
岗位设计的原则
岗位说明书的内容
岗位标准
管理制度的制定
部门（岗位）责任制
人员配置
人员配备的原则
人员配备的工作内容和程序
组织变革与创新
组织变革的概念与目标
组织变革的原因
组织变革的内容
组织变革的动力与阻力
组织变革的过程
课中实训
实训一
组织结构设计能力训练
任务1 企业组织结构调研
任务2 设计创业公司组织结构
实训二
岗位与制度设计能力训练
任务1 企业岗位与制度设置调研
任务2 设计创业公司岗位与制度
实训三
招聘与甄选能力训练
任务1 制订招聘计划
任务2 拟定甄选方案
任务3 模拟招聘
实训四
培训与考核能力训练
任务1 知名企业培训员工方案调研
任务2 创业公司培训方案
任务3 知名企业培训员工考核方案调研
任务4 创业公司考核方案
课后拓展
参观走访
管理辩论
管理游戏
管理技能测试

课前自学

一、组织职能概述

组织职能概述

（一）组织的含义

组织的概念从一般意义来讲有以下两种解释：

（1）名词意义上的组织（organizations），是指按照一定的目的、任务和形式建立起来的结构严密、制度化的人群集体合体。“组织是一种实体”，它是人们进行合作活动的必要条件，如企业、学校、机关、医院等。

（2）动词意义上的组织（organizing），是指组织工作，是为有效实现组织目标，建立组织结构，配备人员，使组织协调运行的一系列活动。

组织工作的过程包括组织设计（职位设计、部门设计、层级设计、组织结构基本框架设计）、组织运行（人员配备与训练、设计管理制度与规范、反馈与修正）、组织变革。

（二）组织的构成要素

组织的构成要素分为有形和无形两种。对于一个组织来说，有形要素和无形要素都是组织存在的必要条件。

1. 有形要素

（1）人员。人员是组织构成的核心要素，只有人才能使组织运转起来，并充满生机和活力。

（2）职务。组织中的人员必须从事一定的工作，承担一定的义务，人员从事的工作和承担的义务必须是实现组织目标所必需的。

（3）职位。同一种工作或业务由一个人是不能完成的，这就需要设置多个从事相同工作或业务的岗位。

（4）关系。担任不同职务、处于不同岗位、承担不同责任的人员之间必须存在着某种联系。组织成员之间的关系主要是责任关系、权力关系和利益关系。

（5）生存条件。一个组织要生存和发展离不开必要的物质条件，这些条件包括组织运行所必需的资金、工作场所、交通、通信工具等。

2. 无形要素

（1）共同目标。组织作为一个有机整体，首先要有一定的目标。任何组织都是为了实现特定的目标而存在的。可以说，组织目标是组织一切动力的源泉。这种共同的目标既为组织运营和组织协调所必需，又能为组织成员所接受和理解，同时又必须随环境条件的变化做出适当的调整。

（2）协作意愿。这是指个人为组织贡献力量的愿望。这种愿望能使每个人的力量成为一个整体力量，这对组织来说是不可缺少的一项要素。若是没有协作意愿，就不可能有长久的愿做贡献的个人努力，但这种愿望也意味着个人行为控制权的转让与个性化的失去。因此，巴纳德认为两方面的问题值得我们注意：①协作愿望的强度随着个人不同有很大的差别，有的很强，有的很弱；有的积极，有的消极，还有的人持反对意见。成员的协作愿望的强弱与组织的规模成反比，组织规模越大，越是综合性的，成员的协作愿望就越小，甚至是消极的。反之，组织单位越小，协作愿望就越强烈；②个人协作愿望的强弱是经常变化的，组织中协作愿望强弱的人数也在变化，并不是固定不变的。组织可以通过提供各种奖酬刺激和说服教育来设法获得成员的协作愿望。

（3）信息沟通。作为组织成员必须愿意合作，这就要求组织共同目标与个人目标必须是能够统一的、相互协调的，而信息沟通是进行有效协调的必要条件。通过信息沟通将两者联系和统一起来才具有意义和效果。有组织目标而缺少沟通，将无法统一和协调组织成员为实现组织目标采取合理行动。因此，信息沟通是组织内的一切活动的基础。

（三）组织的作用

一个优秀组织的基本功能具体表现在以下几个方面：

（1）聚集功能。组织的聚集功能就是指组织把分散的人力资源、财务资源、物力资源、知识信息等加以聚集，分工协作，共同努力，实现单独个体无法实现的目标。聚集功能是组织的基本功能。

（2）放大功能。判断一个组织的效力，就是要看它是否具备"整体大于个体的总和"作用。

（3）交换功能。在组织内部，个人与组织之间存在交换关系，个人之所以加入一个组织并对其投入时间、精力和技能，目的是为了从组织中得到自己想得到的利益或报酬，以满足自己的需要，而组织给员工各种利益或报酬也是为了让成员对组织有所贡献，以实现组织的预期目标。个人与组织之间的关系，可以说是建立在一种相辅相成、平等交换的基础之上，形成双方都感到满意的关系。

（4）调节功能。组织是社会的基本单元，是生存于社会大环境之中的，它既要为社会提供各种服务以影响社会，又要受到社会经济、政治、文化及其他因素的制约。因此，有生命力的组织必须能适应外部环境的变化，随时进行自我调节。

（四）组织的分类

1. 按组织的规模程度分类

①小型组织；②中型组织；③大型组织。

2. 按组织的社会职能分类

①文化性组织；②经济性组织；③政治性组织。

3. 按组织内部是否有正式分工关系分类

组织按其内部是否有正式分工关系可分为正式组织和非正式组织。

非正式组织的存在，主要在于以下三方面因素：

（1）志向兴趣性因素。

（2）需求性因素。

（3）利益维护性因素。

非正式组织在正式组织中是客观存在的，作为管理者要重视其存在，对非正式组织要有效利用。

（1）正视非正式组织的存在，接受并理解非正式组织。

（2）辨明非正式组织的不同性质，区别对待。

（3）用组织文化引导。

（4）重视非正式组织的领头人。

（5）鼓励管理人员成为非正式组织的成员。

（6）关注关系相对独立的员工，经常与他们进行交流沟通。

二、组织结构设计

（一）组织结构的含义

组织结构是组织内的全体成员为实现组织目标，在工作中进行分工协作，通过职务、职责、职权及相互关系构成的结构体系。

组织结构的本质是成员间的分工协作关系。组织结构的内涵是人们的责、权、利关系，因此组织结构又称为权责结构。组织结构设计包括横向结构设计与纵向结构设计。

（二）组织结构的影响因素

①组织战略；②组织环境；③组织的规模与生命周期；④科学技术。

（三）组织结构设计的原则

（1）目标任务原则。

（2）专业分工与协作的原则。

（3）指挥统一原则。

（4）有效管理幅度原则。

（5）集权和分权相结合的原则。

（6）责、权、利相结合原则。

（7）稳定性和适应性相结合原则。

（8）决策执行和监督机构分设的原则。

（9）精简高效原则。

（四）组织横向结构设计

组织横向结构设计主要工作是部门划分，部门划分就是根据每个职务所从事的工作内容和相互间的关系，把相近的工作归为一类，将一类工作组合成相应的管理单元，并组成相应的机构或单位。

1. 部门划分遵循的原则

（1）有效实现组织目标的原则。

（2）专业化原则。

（3）满足社会心理需求的原则。

2. 部门划分的方法

①按人数划分；②按时间划分；③按职能划分；④按产品划分；⑤按地区划分；⑥按服务对象划分；⑦按工艺过程（设备）划分。

（五）组织纵向结构设计

1. 管理幅度

管理幅度又称管理跨度，是指组织中一名上级主管能够直接有效地管理下属成员的数量。管理幅度的大小，实际上反映着上级管理者直接控制和协调业务活动量的多少。

2. 管理层次

管理层次是指一个组织内部从最高一级管理组织到最低一级管理组织所设立的行政等级的数目。

3. 管理幅度与管理层次的关系

管理层次与组织规模呈正比，组织规模越大，则管理层次就越多；在组织规模已定的情况下，管理层次与管理幅度呈反比，也就是管理幅度越宽，层次越少，其管理组织结构的形式呈扁平型。相反，管理幅度越窄，管理层次就越多，其管理组织结构的形式呈金字塔形。这两种典型的组织结构形态各有优缺点。

（1）扁平型组织结构。

优点：由于管理的层次少，上下联系渠道缩短，有利于信息沟通，并可减少信息传递失真传误；管理机构减少，可以减少管理人员和管理费用，有利于提高管理指挥效率；由于扩大下级管理权限，有利于调动下级人员的积极性、主动性和锻炼与提高下级人员的管理能力。

缺点：过大的管理幅度会增加主管对下属监督与协调控制的难度；使领导者易陷于复杂的日常事务之中，没有时间和精力搞好有关组织长远发展的、事关全局的战略管理；下属也会缺少更多的晋升机会。

（2）金字塔形组织结构。

优点：管理层次多，管理幅度小，利于上级对下属进行及时的指导和控制；层级之间的关系比较紧密，有利于工作任务的衔接；下属有了更多提升机会。

缺点：影响了信息传递的速度，信息失真度大；会增加管理费用，使协调工作量增加，互相扯皮的事情会层出不穷，增加了管理的复杂性。

4. 影响管理幅度的因素

（1）计划制订的完善程度。

（2）工作任务的复杂程度。

（3）员工的经验和知识水平。

（4）完成工作任务需要的协调程度。

（5）组织信息沟通的状况。

（6）管理者的水平和管理手段的先进程度。

（7）不同管理层次和工作性质。

（8）组织环境变化的剧烈程度。

（六）组织职权的配置

1. 组织职权的类型

组织内的职权有直线职权、参谋职权和职能职权三种类型。

2. 处理好三种职权的关系

（1）注意发挥参谋职权的作用。从直线职权与参谋职权的关系看，参谋是为直线主管提供信息，出谋划策，配合主管工作的。此外，发挥参谋作用，应注意以下两点：

①参谋应独立提出建议。参谋人员多是某一方面的专家，应让他们根据客观情况提建议，而不应该左右他们的建议。

②直线主管不为参谋左右。参谋应多谋，直线应善断。直线主管可广泛听取参谋的意见，但要切记，直线主管是决策者。

（2）适当限制职能职权。限制职能职权的使用，要做到以下两点：

①限制使用范围。职能职权的动用常限于解决“如何做”“何时做”等方面的问题，若无限地扩大到“在哪儿做”“谁来做”“做什么”等方面的问题，就会取代直线人员的工作。

②限制使用的级别。职能职权不应越过上级下属的第一级，如人事科长或财务科长的职能职权不应越过生产经理这一级。

3. 集权与分权

（1）集权与分权的含义。集权与分权是研究组织结构特别是纵向管理系统内的职权划分问题，是指组织中决策权的集中与分散。所谓“集权”，即职权的集中化，也就是指决策权在很大程度上向处于较高管理层次的职位集中的组织状态和组织过程。所谓“分权”，即职权的分散

集权与分权

化，也就是决策权在很大程度上分散到处于较低管理层次的职位上。

（2）集权与分权的标志。集权与分权在组织中只是一个程度问题，衡量集权与分权的标志主要有以下几种：

①决策的数量；②决策的范围；③决策的重要性；④决策的审核。

（3）影响集权与分权的因素。

①决策的代价；②政策的一致性；③组织的规模；④组织的成长方式；⑤管理哲学；⑥管理人员的数量及素质；⑦控制技术与手段；⑧经营环境条件和业务活动性质。

（4）集权与分权的优劣势分析。集权的优势主要体现在可以提高行政的效率，使组织总体政策高度统一，达到决策执行的高效率与组织的高稳定性。

集权的弊端表现在以下三个方面：①降低决策的质量和速度；②降低组织的适应能力；③挫伤下层人员的积极性，不利于组织长远发展。

分权的优势体现在以下几个方面：①可以使组织高层脱离繁杂的日常事务，更好地考虑组织的战略事宜；②可以快速有效地应对市场变化，部门或个人作为相对独立的个体，会有更高的工作热情与更智能的应变能力，在市场中会更加灵活地采取应对行动，提高市场竞争能力；③有利于培养后备管理者。

分权也有其弊端，主要表现在以下几个方面：①过分分权容易造成部门本位利益思想严重，行动缺乏协调，缺乏组织整体利益考虑，影响组织整体利益；②部门权力太大，容易造成管理失控，命令失效，统一指挥难以实现；③高层领导协调难度加大。

4. 授权

（1）授权含义。所谓授权，是指上级把自己的职权（主要指决策权）授给下属，使下属拥有相当的自主权和行动权。

授权的本质含义就是：管理者不要去做别人能做的事，而只做那些必须由自己来做的事。任何一个管理者，其时间、精力、知识和能力都是有限的，一个人不可能事必躬亲去承担实现组织目标所必需的全部任务。

（2）授权原则。

①适当原则；②责任原则；③可控原则；④信任原则；⑤考绩原则。

（3）授权的方式。

①根据在授权时所凭借的媒介的不同，可以将授权分为口头授权与书面授权。

②根据授权的规范性程度的不同，可以将授权分为正式授权与非正式授权。

③根据工作内容的重要性程度、上下级的水平与能力等综合情况，可以将授权分为充分授权、不充分授权、制约授权和弹性授权等形式。

（4）授权的步骤。

①明确责任；②授予权力；③监控与考核。

三、组织结构类型

（一）直线制

直线制是一种最早也是最简单的组织形式。它的特点是企业各级行政单位从上到下实行垂直领导，下属部门只接受一个上级的指令，各级主管负责人对所属单位的一切问题负责。

直线制组织结构的特点是：每个主管人员对其直接下属有直接职权；下级只能向自己的直接上级报告；主管人员在其管辖的范围内有绝对的职权或完全的职权。

直线制组织结构的优点是：结构比较简单，职责明确，命令统一，协调起来比较容易和迅速。

直线制组织结构的缺点是：它要求行政负责人通晓多种知识和技能，亲自处理各种业务。

该种组织结构类型只适用于规模较小、生产技术比较简单的企业。直线制组织结构如图4-1所示。

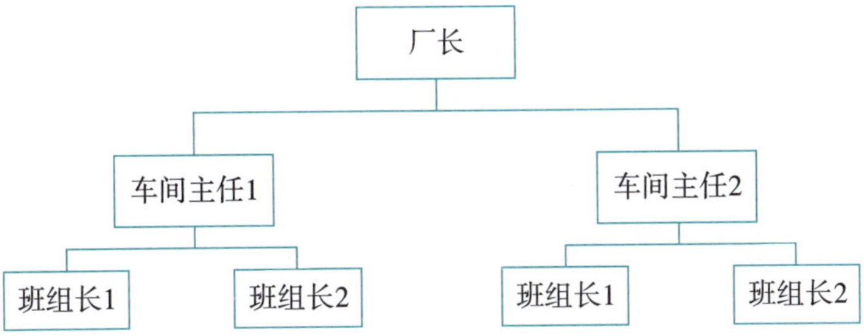

图4-1　直线制组织结构示意图

（二）职能制

职能制组织结构是各级行政单位除主管负责人外，还相应地设立一些职能机构，协助主管负责人从事职能管理工作。这种结构要求行政主管把相应的管理职责和权力交给相关的职能机构，各职能机构就有权在自己业务范围内向下级行政单位发号施令。

职能制组织结构的优点是：能适应现代化工业企业生产技术比较复杂、管理工作比较精细的特点；行政组织按职能或业务性质分工管理，选聘专业人才，能充分发挥职能机构的专业管理作用，减轻直线领导人员的工作负担，利于业务专精，提高专业管理水平；同类业务划归同一部门，职有专司，责任确定，利于建立有效的工作秩序，防止顾此失彼和互相推诿。

职能制组织结构的缺点是：由于多头领导，妨碍了组织的统一指挥，易造成管理混乱，不利于明确划分职责与职权；各职能机构往往不能很好地配合，横向联系差；在科技迅速发展、经济日益复杂的情况下，对环境发展变化的适应性差；强调专业化，使主管人员忽略了本专业以外的知识，不利于培养上层管理者。

由于这种组织结构形式明显的缺陷，现代企业一般都不采用职能制。职能制组织结构如图4-2所示。

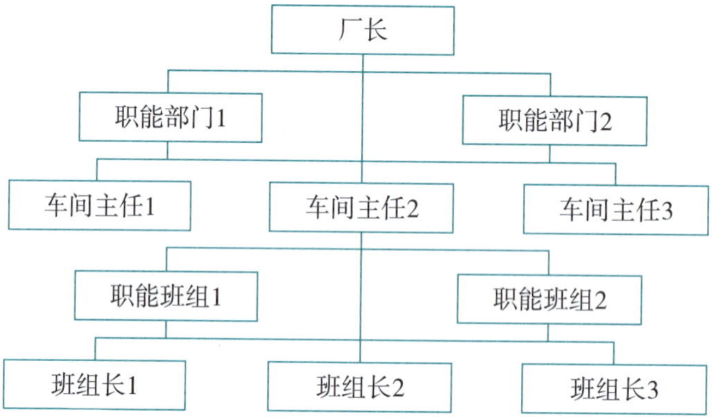

图4-2　职能制组织结构示意图

（三）直线职能制

直线职能制组织结构把直线制结构与职能制结构结合起来，以直线为基础，在各级行政负责人之下设置相应的职能部门，分别从事专业管理，作为该领导的参谋，实行主管统一指挥与职能部门参谋、指导相结合的组织结构形式。

直线职能制组织结构的优点是：把直线制组织结构和职能制组织结构的优点结合起来，既能保持统一指挥，又能发挥参谋人员的作用；分工精细，责任清楚，各部门仅对自己应做的工作负责，效率较高。

直线职能制组织结构的缺点是：部门间缺乏沟通，协调工作较多；容易发生直线部门与职能部门（参谋部门）职权冲突；难以从组织内部培养熟悉全面情况的管理人才；系统刚性大，适应性差。

直线职能制组织结构是现实中运用得最为普遍的一种组织形态，多数企业和一些非营利组织经常采用这种组织形式。直线职能制组织结构如图4-3所示。

（四）事业部制

所谓事业部制结构，就是在企业内部按产品、地区或市场（顾客）分别成立若干事业部。事业部制是在总公司集中领导下进行分权管理的一种组织形式。事业部制是一个企业内对拥有独立产品市场、独立责任利益的部门实行分权管理的一种组织结构形式。

事业部制的管理原则是“集中政策，分散经营”。

事业部制的优点是：把事业部作为利润中心，责、权、利划分明确，便于考核，便

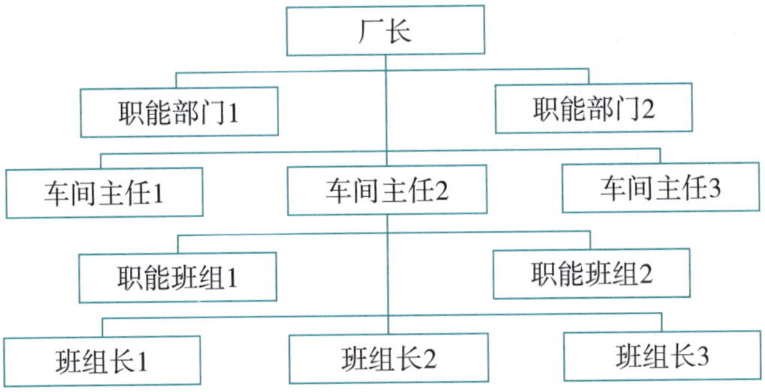

图4-3　直线职能制组织结构示意图

于核算每个事业部的贡献；按产品划分事业部，便于组织专业化生产，形成经济规模；采用专用设备，有利于提高劳动生产率和企业经济效益；各事业部之间可以有比较、有竞争，有利于增强企业活力，促进企业的发展；通过事业部独立生产经营活动，有利于在企业内部培养全面性高层管理人员。

事业部制的缺点是：管理层次多，管理费用高，各事业部协助比较困难，易产生各自为政、本位主义的倾向。

事业部制组织结构比较适合于产品多样化和从事多元化经营的组织，也适用于市场环境复杂多变、市场需求差异大、环境或地理位置分散的大型企业和巨型企业。事业部制组织结构如图4-4所示。

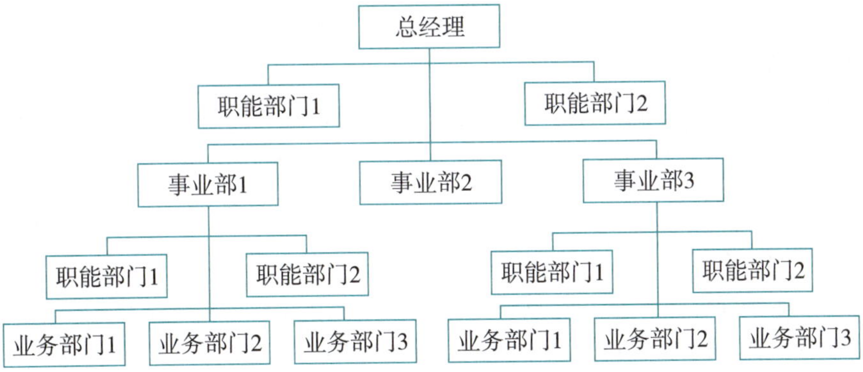

图4-4　事业部制组织结构示意图

（五）矩阵制

矩阵制是由职能部门系列和为完成某一临时任务而组建的项目小组系列组成，它的最大特点在于具有双道命令系统。

矩阵制的优点是：纵横结合，有利于配合；人员组合富有弹性。

矩阵制的缺点是：破坏命令统一原则。

这种组织主要适用于科研、设计、规划项目等创新较强的工作或者单位。矩阵制组织结构如图4-5所示。

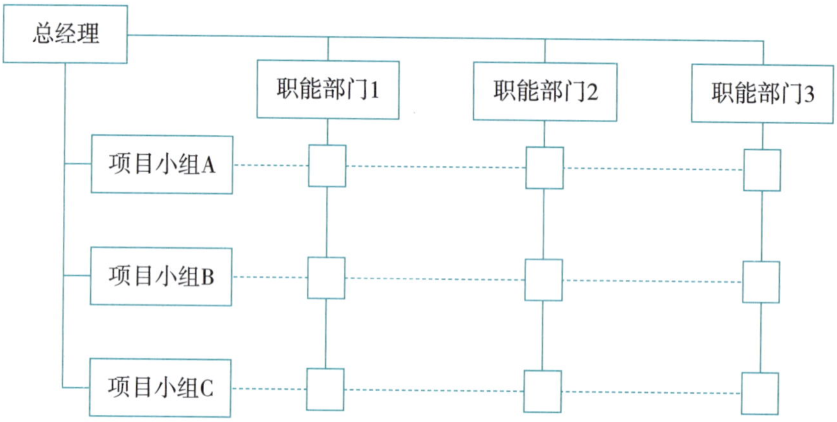

图4-5 矩阵制组织结构示意图

（六）多维立体制

多维立体组织结构是在矩阵制组织结构的基础上发展起来的。所谓多维，是指组织中存在多种管理机制。按产品划分的事业部成为利润中心；按职能划分的专业参谋机构成为专业成本中心；按地区划分的管理机构成为地区利润中心。在这种体制下，按产品划分的事业部与专业参谋机构、地区管理机构共同组成产品指导机构，对同类产品的产销活动进行指导。

多维立体制的优点是：产品事业部、地区事业部与专业参谋部门任何一方都不能单独做出决定，而必须通过共同的协调才能采取统一的行动，这有利于形成集思广益、信息共享、共同决策的协作关系，有利于提高企业经营管理效率。

多维立体制的缺点是：结构形式复杂，对各机构的职责权限划分要求更严格，没有较高的管理水平和组织水平，难以取得实效。该种组织结构形式适合于规模巨大的跨国公司或跨地区公司。多维立体制组织结构如图4-6所示。

（七）网络型组织结构

网络型组织结构是利用现代信息技术手段，适应与发展起来的一种新型的组织机构。网络型组织结构是目前正在流行的一种新形式的组织设计。网络型组织结构是一种只有很精干的中心机构（核心公司），以契约关系的建立和维持为基础，依靠外部机构进行制造、销售或其他重要业务经营活动的组织结构形式。网络型组织结构如图4-7所示。

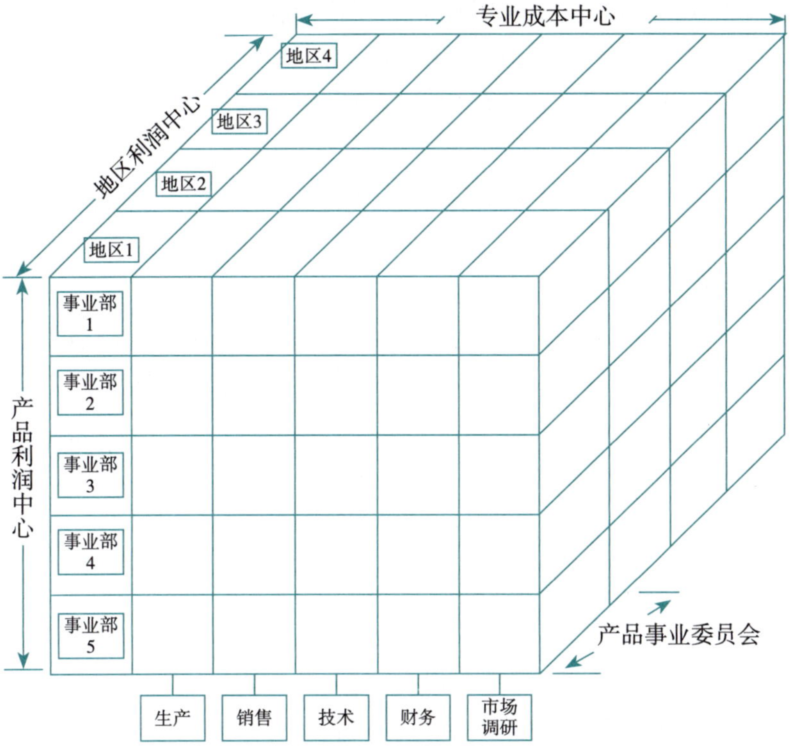

图4-6 多维立体制组织结构示意图

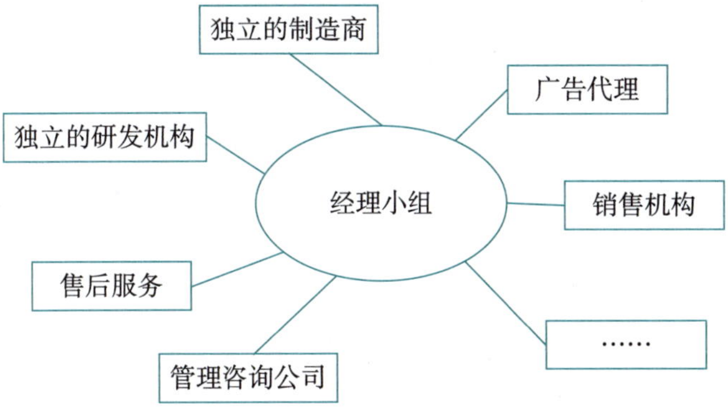

图4-7 网络型组织结构示意图

四、岗位与制度设计

1. 岗位设计的原则

①因事设岗原则；②规范化原则；③系统化原则；④最少岗位数原则。

2. 岗位说明书的内容

（1）基本资料。岗位说明书基本资料主要包括岗位名称、岗位等级（或层级）、岗位编码、定员标准、直接上级和工作分析日期六个方面的内容。

（2）岗位职责。岗位职责包括：①工作职责；②岗位关系；③工作内容及要求；④工作权限；⑤工作环境和条件；⑥工作时间等。

3. 岗位标准

岗位标准是指担任岗位工作的人员所应具备的条件，包括：①资格条件；②身体条件；③心理品质；④知识和技能。

4. 管理制度的制定

企业专项管理制度的制定是对各项专业管理工作的范围、内容、程序、方法、标准等所作的制度规定，其内容一般主要包括：①该项管理工作的目的、地位与意义；②做好该项管理工作的指导方针与原则；③开展该项管理工作的依据和采集信息的渠道；④该项管理工作的范围与内容；⑤管理工作的具体程序、方法与手段；⑥该项管理工作完成的时限与达到的标准；⑦该项管理工作的主管部门、承担者与相关部门；⑧该项管理与其他专项管理之间的关系与联系方式等。

5. 部门（岗位）责任制

部门（岗位）责任制是指对工作部门或工作岗位（个人）的工作责任与奖惩所作的规定。部门（岗位）责任制主要包括的内容有：各部门或工作岗位（个人）的工作范围、工作目标与任务、职责与职权、工作标准、工作绩效与奖惩等。责任制可分为部门责任制和岗位责任制。

五、人员配置

人员配置是根据组织的目标和任务正确选择、合理使用、科学考评和培训人员，让合适的人去完成组织结构中规定的各项任务，从而保证整个组织目标和各项任务完成的职能活动。

人员配备

1. 人员配备的原则

①因事择人的原则；②责、权、利一致的原则；③公开竞争的原则；④用人之长的原则；⑤人事动态平衡的原则。

2. 人员配备的工作内容和程序

（1）编制人力资源计划。编制人力资源计划就是要设计出职务类型和数量。职务类型指出了需要什么样的人，职务数量则是这种类型的职务需要多少人。

（2）招募与甄选。招募是组织按照一定的程序和方法招募具备岗位素质要求的求职者担任相应岗位工作的系列活动。

甄选就是谨慎、认真、细致地对应聘者进行甄别和筛选，从而获得合格的上岗人员。

（3）培训与考核。培训是组织为了实现自身的目标，有计划地对员工进行辅导和训练，使员工认同组织的理念、获得相应的知识和技能。

考核是按照一定的方法及程序对在职人员一段时间内的岗位职责履行情况进行评价。

六、组织变革与创新

1. 组织变革的概念与目标

组织变革就是对组织的调整、改革与再设计。

组织变革的目标是使组织、管理者和员工更具环境适应性。

2. 组织变革的原因

①战略的调整；②环境的变化；③技术的革新；④组织规模的变化和成长。

3. 组织变革的内容

①人事变革；②结构变革；③技术变革。

4. 组织变革的动力与阻力

组织变革时常面临着动力和阻力这两种力量的较量。

组织变革中的动力，指的是发动、赞成和支持变革并努力去实施变革的驱动力。

组织文化及组织变革

组织变革中的阻力，则是指人们反对变革、阻挠变革甚至对抗变革的制约力。

（1）组织变革阻力的主要来源。

①个体方面的阻力：利益因素造成的阻力和心理因素造成的阻力。

②群体和组织方面的阻力：群体规范造成的阻力和组织中结构惯性造成的阻力。

（2）组织变革阻力的管理对策。一是增强或增加驱动力；二是减少或减弱阻力；三是同时增强动力与减少阻力。

5. 组织变革的过程

（1）解冻。解冻，即创造变革的动力。这个阶段的主要任务是发现组织变革的阻力，营造危机感，塑造出改革乃是大势所趋的气氛，并在采取措施克服变革阻力的同时具体描绘组织变革的蓝图，明确组织变革的目标和方向，以形成待实施的比较完整的组织变革方案。解冻可以看作是进行变革的准备。

（2）变革。变革，即指明改变的方向。实施变革，使成员形成新的态度和行为。这阶段的任务是按照所拟定的变革方案开展具体的变革活动，以使组织从现有结构模式和行为方式向目标模式与新的行为方式转变。这个阶段通常分为试验和推广两个阶段。

（3）冻结。冻结，即稳定变革。现状被打破以后，就需要经过变革而建立起新的平衡状态。这种新的平衡状态需要予以再冻结，只有这样才能使之较为长久地保持一段时间；否则，变革可能是短命的，员工的行为又会回到原来的模式中。

自学测试

一、单选题

1. 在组织规模一定的情况下，组织层级越多，管理幅度就会（　　）。

A. 越大　　B. 越小　　C. 不变　　D. 不确定

2. 职能制的组织结构，优点不包括（　　）。

A. 每个管理者只负责一方面的工作

B. 有利于统一领导

C. 有利于充分发挥专业人才的作用

D. 专业管理工作可以做到细致、深入，对下级工作指导比较具体

3. 由两套组织部门联合构成的双重组织结构，其中一套是在组织职能基础上形成的职能部门，另一套是在组织特定业务基础上形成的项目部门，这两个部门在组织中以纵横两个方向设置所构成的状态称为（　　）。

A. 职能制组织结构　　B. 事业部制组织结构

C. 矩阵制组织结构　　D. 直线制组织结构

4. 一个企业中处于较低层次的管理人员所作的决策数量很多而且很重要，在决策时受到的限制很少，则可以认为该企业（　　）。

A. 该管理人员的素质较高　　B. 高层主管比较开明

C. 组织集权程度较高　　D. 组织分权程度较高

5. 下列关于直线和参谋说法正确的是（　　）。

A. 必须授予参谋行动和决策的权力，以发挥其作用

B. 向参谋授权必须谨慎，授予之后也应该经常亲自指挥

C. 设置参谋职务，是管理现代组织的复杂活动所必需的

D. 参谋的作用发挥失当，应该予以取消

二、多选题

1. 职权的类型有（　　）。

A. 直线职权　　B. 指挥职权　　C. 参谋职权　　D. 职能职权

2. 组织层次一般分为（　　）三层。

A. 高　　B. 中

C. 低　　D. 上

E. 下

3．直线型组织结构的特点是（　　）。

A．组织中每一位主管人员对其直接下属有直接职权

B．“一个人，一个主管”

C．可越级指挥

D．主管人员在其管辖范围内有绝对的完全的职权

E．不知应向谁报告

4．扁平结构的特点主要表现在（　　）。

A．有利于缩短上下级距离

B．同级间相互沟通联络容易

C．信息纵向流通快

D．有利于选择和培养下属

E．能够严密地监督下级

5．集权制的特点有（　　）。

A．统一经营

B．中下层决策权较多

C．统一核算

D．对下级的控制较多

E．经营决策权大多集中在高层领导

三、判断题

1．企业组织中，一些有共同兴趣爱好的人组成的小团体被称作协作组织。（　　）

2．事业部是指大型公司的一个职能参谋部门。（　　）

3．管理幅度总是越宽越好的，组织层次总是越少越好的。（　　）

4．在处理组织的职权关系时，应充分发挥参谋职权，并尽可能限制职能职权。（　　）

5．在各种组织结构形式中，能够有效结合组织的纵向垂直管理和横向水平管理的组织结构形式是事业部制。（　　）

四、简答题

1．常见的组织结构有哪几种形式？

2．制定管理幅度应考虑哪些因素？

3．影响集权或分权程度的因素有哪些？

4．人员招聘中的内部招聘和外部招聘各有哪些优缺点？

5．选择一个与专业相关的工作岗位或者自己毕业后想从事的工作岗位，运用工作分析的方法编写岗位说明书，对标岗位说明书，目前哪些条件你具备了？哪些条件不具备？应该如何达到？

课中实训

实训一 组织结构设计能力训练

任务1 企业组织结构调研

任务描述：以小组为单位，选定6个不同行业，每个组员选择其中一个行业中的一家民族知名企业，调研其组织结构情况。请将研究成果做成展示PPT，并将要点记录在表4-1中。

表4-1 企业组织结构调研

研究项目	研究结果
民族知名企业名称	
组织结构类型	
组织结构横向结构	
组织结构纵向结构	
组织结构简明示意图	

任务2 设计创业公司组织结构

任务描述：根据模块一的实训创建创业公司的业务特点，设计创业公司的组织结构方案。请将研究成果做成展示PPT，并将要点记录在表4-2中。

表4-2 设计创业公司组织结构

研究项目	研究结果
创业公司名称	
拟订采用组织结构类型	
横向部门划分	
纵向部门划分	
组织结构简明示意图	

训练效果评价

考核评价内容如表4-3所示。

表4-3 设计组织结构能力考核评价表

内容		评价	
学习目标	评价内容	个人评价（5、4、3、2、1）	小组评价（5、4、3、2、1）
应知应会知识	组织结构的核心内容		
	影响组织结构设计的因素		
	直线职能制组织结构		
	事业部制组织结构		
专业能力	陈述组织结构设计的原则		
	知道组织结构设计的程序		
	能画出组织结构图		
	知道各种组织结构的适用场合		
通用能力	团队协作能力		
	创新能力		
态度	科学、高效、严谨的态度		
努力方向：		建议：	

实训二 岗位与制度设计能力训练

任务1 企业岗位与制度设置调研

任务描述：以小组为单位，选择某行业中的知名企业，每个组员从中选择某个工作岗位，调研其岗位设置及组织制度。请将研究成果做成展示PPT，并将要点记录在表4-4中。

表4-4　知名企业岗位与制度设置

研究项目	研究结果
企业名称	
岗位名称	
岗位职责	
岗位制度	

任务2　设计创业公司岗位与制度

任务描述：以小组为单位，根据模块一的实训创建创业公司部门设置状况，每个小组成员选择公司中一个部门岗位，设置其岗位职责及岗位制度。请将研究成果做成展示PPT，并将要点记录在表4-5中。

表4-5　创业公司部门与制度设计

研究项目	研究结果
创业公司名称	
岗位名称	
岗位职责	
岗位制度	

训练效果评价

考核评价内容如表4-6所示。

表4-6 设计岗位与制度能力考核评价表

内容		评价	
学习目标	评价内容	个人评价（5、4、3、2、1）	小组评价（5、4、3、2、1）
应知应会知识	岗位设计的原则		
	岗位说明书的内容		
	岗位标准		
	企业专项管理制度包括内容		
	部门（岗位）责任制包括内容		
专业能力	能编制岗位说明书		
	能制定简单的制度规范		
	能考核部门（岗位）责任制		
通用能力	团队协作能力		
	创新能力		
态度	科学、高效、严谨的态度		
努力方向：		建议：	

实训三 招聘与甄选能力训练

任务1 制订招聘计划

任务描述：以小组为单位，根据创建的创业公司开展业务需要，小组成员每人选定一个部门，根据这个部门工作需要制订招聘计划。请将研究成果做成展示PPT，并将要点记录在表4-7中。

表4-7　创业公司部门招聘计划

研究项目	研究结果
创业公司名称	
招聘目的	
招聘岗位	
任用条件	
招聘程序	

任务2　拟定甄选方案

任务描述：以小组为单位，根据创建的创业公司某部门工作发布招聘公告，拟订甄选方案。请将研究成果做成展示PPT，并将要点记录在表4-8中。

表4-8　创业公司部门招聘甄选方案

研究项目	研究结果		
招聘岗位 1 名称		甄选方案	
招聘岗位 2 名称		甄选方案	
招聘岗位 3 名称		甄选方案	
招聘岗位 4 名称		甄选方案	
招聘岗位 5 名称		甄选方案	

任务3　模拟招聘

任务描述：以小组为单位，根据创建的创业公司某部门岗位要求，制订招聘计划，包括招聘目的、任用条件、招聘流程等，招聘由组长主持，小组成员均为招聘组成员；每名学生可向不超过三家公司（不含本创业公司）应聘；各公司根据每个应聘者的表现决定是否聘任。请将研究成果做成展示PPT，并将要点记录在表4-9中。

表4-9 创业公司部门招聘甄选方案

研究项目	研究结果
创业公司名称	
招聘岗位名称	
岗位任用条件	
招聘程序	
招聘结果	

训练效果评价

考核评价内容如表4-10所示。

表4-10 招聘与甄选能力考核评价表

<table>
<tr><th colspan="2">内容</th><th colspan="2">评价</th></tr>
<tr><th>学习目标</th><th>评价内容</th><th>个人评价
（5、4、3、2、1）</th><th>小组评价
（5、4、3、2、1）</th></tr>
<tr><td rowspan="4">应知应会知识</td><td>人员配备的原则</td><td></td><td></td></tr>
<tr><td>人员配备的工作内容</td><td></td><td></td></tr>
<tr><td>人员配备的程序</td><td></td><td></td></tr>
<tr><td>应聘注意事项</td><td></td><td></td></tr>
<tr><td rowspan="4">专业能力</td><td>制订招聘计划</td><td></td><td></td></tr>
<tr><td>设计甄选方案</td><td></td><td></td></tr>
<tr><td>招聘能力锻炼</td><td></td><td></td></tr>
<tr><td>应聘能力与素质锻炼</td><td></td><td></td></tr>
<tr><td rowspan="3">通用能力</td><td>团队协作能力</td><td></td><td></td></tr>
<tr><td>沟通能力</td><td></td><td></td></tr>
<tr><td>创新能力</td><td></td><td></td></tr>
<tr><td>态度</td><td>科学、高效、严谨的态度</td><td></td><td></td></tr>
<tr><td colspan="2">努力方向：</td><td colspan="2">建议：</td></tr>
</table>

实训四 培训与考核能力训练

任务1 知名企业培训员工方案调研

任务描述：以小组为单位，选择某行业中的知名企业，每个组员搜集该企业培训员工方案。请将研究成果做成展示PPT，并将要点记录在表4-11中。

表4-11 知名企业员工培训方案

研究项目	研究结果
企业名称	
培训方案名称	
培训目的	
培训计划	
培训方式	
培训效果	

任务2 创业公司培训方案

任务描述：以小组为单位，根据创建的创业公司业务需求，拟定培训方案。请将研究成果做成展示PPT，并将要点记录在表4-12中。

表4-12 创业公司培训方案

研究项目	研究结果
创业公司名称	
培训方案名称	
培训目的	
培训计划	
培训方式	
培训效果	

任务3 知名企业培训员工考核方案调研

任务描述：以小组为单位，选择某行业中的知名企业，每个组员搜集该企业员工考核方案。请将研究成果做成展示PPT，并将要点记录在表4-13中。

表4-13 知名企业员工考核方案

研究项目	研究结果
企业名称	
考核方案名称	
考核目的	
考核内容	
考核指标体系	
考核方式	
考核效果	

任务4 创业公司考核方案

任务描述：以小组为单位，根据创建的创业公司业务需求，拟定考核方案。请将研究成果做成展示PPT，并将要点记录在表4-14中。

表4-14 创业公司考核方案

研究项目	研究结果
创业公司名称	
考核方案名称	
考核目的	
考核内容	
考核指标体系	
考核方式	
考核效果	

训练效果评价

考核评价内容如表4-15所示。

表4-15　培训与考核能力考核评价表

内容		评价	
学习目标	评价内容	个人评价 （5、4、3、2、1）	小组评价 （5、4、3、2、1）
应知应会知识	培训需求调研		
	培训方案设计与实施		
	培训效果评价		
	绩效考核的内容与程序		
	绩效考核的评价与改进		
专业能力	制订培训计划		
	设计考核方案		
	考核面谈能力锻炼		
通用能力	团队协作能力		
	沟通能力		
	创新能力		
态度	科学、高效、严谨的态度		
努力方向：		建议：	

复盘反思

1. 知识盘点：通过组织与人事能力模块的学习，你掌握了哪些知识点？请画出思维导图。

2. 方法反思：完成本模块学习和实训的过程中，你学会了哪些分析和解决问题的方法？

3. 行动影响：在完成本模块学习和实训的过程中，你认为自己还有哪些地方需要改进？

实训模块评价

技能点评价

使用说明：

按技能点评价指标评定成绩，满分为100分。其中，各训练任务中技能点为60分，展示陈述为40分。教师评价占比为60%，学生互评占比为40%。

技能点评价指标		分值	得分
组织与人事能力	知名企业组织结构调研分析正确性	10	
	知名企业岗位与制度调研分析正确性	10	
	创业公司组织结构设计科学性	10	
	创业公司岗位与制度设计合理性	10	
	招聘方案设计合理性	10	
	培训方案设计可行性	10	
展示陈述	专业知识综合运用程度	10	
	视听觉辅助工具使用程度	10	
	团队合作	5	
	语言技巧	5	
	非语言技巧	5	
	时间分配	5	
合计得分			

素质点评价

使用说明：

按素质点评价指标评定成绩，按优秀为5分、良好为4分、一般为3分、合格为2分、不合格为1分五个等级评价，分为学生自评与小组成员互评。

素质点评价指标		得分	平均分
自评	团队合作精神和协作能力：能与小组成员合作完成项目		
	交流沟通能力：能良好表达自己的观点，善于倾听他人的观点		
	信息素养和学习能力：善于搜集并借鉴有用资讯和好的思路想法		
	独立思考和创新能力：能提出新的想法、建议和策略		

续表

素质点评价指标		得分	平均分
组员 1	团队合作精神和协作能力：能与小组成员合作完成项目		
	交流沟通能力：能良好表达自己的观点，善于倾听他人的观点		
	信息素养和学习能力：善于搜集并借鉴有用资讯和好的思路想法		
	独立思考和创新能力：能提出新的想法、建议和策略		
组员 2	团队合作精神和协作能力：能与小组成员合作完成项目		
	交流沟通能力：能良好表达自己的观点，善于倾听他人的观点		
	信息素养和学习能力：善于搜集并借鉴有用资讯和好的思路想法		
	独立思考和创新能力：能提出新的想法、建议和策略		
组员 3	团队合作精神和协作能力：能与小组成员合作完成项目		
	交流沟通能力：能良好表达自己的观点，善于倾听他人的观点		
	信息素养和学习能力：善于搜集并借鉴有用资讯和好的思路想法		
	独立思考和创新能力：能提出新的想法、建议和策略		
组员 4	团队合作精神和协作能力：能与小组成员合作完成项目		
	交流沟通能力：能良好表达自己的观点，善于倾听他人的观点		
	信息素养和学习能力：善于搜集并借鉴有用资讯和好的思路想法		
	独立思考和创新能力：能提出新的想法、建议和策略		
组员 5	团队合作精神和协作能力：能与小组成员合作完成项目		
	交流沟通能力：能良好表达自己的观点，善于倾听他人的观点		
	信息素养和学习能力：善于搜集并借鉴有用资讯和好的思路想法		
	独立思考和创新能力：能提出新的想法、建议和策略		
总评得分			

课后拓展

参观走访

训练项目1 中小企业组织结构调查

【实训目标】

1. 增强对企业组织结构的感性认知。
2. 培训对企业结构分析的初步能力。

【实训内容与方法】

1．到一家中小企业，对该企业的组织结构情况进行调查，并运用所学知识进行分析诊断。

2．在调查访问之前，每个小组需要根据所学知识，并经过讨论制定调查访问的提纲，包括调研的主要问题与具体安排。具体内容可参考下列问题：

（1）企业的组织结构系统图。

（2）各主要职位、部门的职责权限及职权关系。

（3）由于组织结构、职权关系及制度等问题引起的矛盾。

3．调查访问结束后，小组成员组织一次交流与讨论。

【标准与评估】

1．标准：能准确地分析该企业组织结构的部门、层次、组织形式，并能搜集到该企业的部分制度，还能提出自己的分析意见与建议。

2．评估：（1）每个同学都要写一份调查企业组织结构情况的简要分析诊断报告，并搜集1～2个企业的管理制度；（2）根据在模拟公司或班级讨论中发言的表现进行评价。

训练项目2　角色扮演：招聘与应聘

【实训目标】

1．培养人员招聘的能力。

2．训练应聘人员的能力和心理素质。

【实训内容与方法】

1．各小组以创业公司为单位，组织招聘活动。全班分为两大组，分别扮演招聘方与应聘方，并进行轮换。

2．各创业公司要制订招聘计划，包括招聘的目的、招聘岗位、任用条件、招聘程序，特别是招聘的决定办法。

3．每个人都要写出应聘提纲或应聘讲演稿，特别要体现出应聘竞争的优势。

【标准与评估】

1．标准：招聘要有计划，应聘要有应聘提纲。

2．评估：（1）各公司提供招聘计划书；（2）每个人提供应聘提纲或演讲稿；（3）评估各公司招聘组织状况的好坏，并以前来应聘者的人数为重要数量指标；（4）评价每个人的表现，特别是受到其他公司聘任的频次，即被公司聘任职位的数量。

管理辩论

题目 集权与分权

正方：集权有利于高效实现组织目标

反方：分权有利于高效实现组织目标

【实训目标】

1. 掌握组织职权配置的基本理论。
2. 培训学生的组织能力。
3. 初步学会授权。
4. 锻炼口才和反应能力。
5. 锻炼团队的组织和协作能力。

【实训内容】

1. 论述组织职权配置理论的应用。
2. 论述集权与分权的影响因素。
3. 探讨授权的艺术与技巧。

【方法与要领】

1. 分正方与反方两组，全班可分为若干小组进行组合。

2. 每个小组推荐4名辩手并依次排序第一辩手、第二辩手、第三辩手、第四辩手，角色分工：1辩陈述观点、2辩3辩自由辩论、4辩总结观点。

3. 正方论述集权有利于高效实现组织目标。

4. 反方论述分权有利于高效实现组织目标。

5. 正反双方在辩论中，既要回答对方的提问，也要向对方提出疑难问题，要求对方解答。

6. 坚持理论与实践相结合，做到举例鲜明生动，正反双方都要形成书面辩论资料呈给老师或者评委。

【成绩测评】

由教师、学生或者邀请企业领导者评论辩论的结果。

管理游戏

管理小游戏：齐心协力

【训练目的】

（1）通过分工合作，齐心协力才能高效完成组织任务。

（2）增强学生在团队中沟通、学习和协作的能力。

【材料用具】

皮球1个；新纸篓1个；粉笔。

【训练时间】

实训时间20分钟。

【规则程序】

（1）从每组抽取3名队员上场，1名传球，1名投球（必须采用背投式），1名接球（用纸篓）。

（2）在地上画3条平行线，分别相隔2～3米。

（3）3名队员依次站在3条线上，游戏开始。

【考核标准】

限时3分钟，限时内投入球最多者为胜。

【问题讨论】

（1）被抽取的3名队员是如何分工的？这样分工合理吗？

（2）传、投、接，你们觉得哪个环节最难？每个环节都很重要吗？

（3）看起来很简单的游戏，操作起来与你想象的一样吗？

（4）当发生失误时，你们是如何及时调整的？

（5）你在团队中是观望者、倡议者、追随者还是领导者？

【个人感悟】

管理技能测试

测试1　授权技能测试

【测试要求】

表4-16中每一个问题，在与你意愿最符合的选项上打“√”，然后加总你的分数。

表4-16　授权技能测试

序号	测试描述	从不	有时	经常
1	我愿意授权给别人	A	B	C
2	我授权给别人时，我总是努力帮助他发展自己的领导力	A	B	C
3	我允许被授权人犯一些错误	A	B	C
4	我信任并相信我手下的关键领导者	A	B	C
5	在我们的领导文化中鼓励冒险	A	B	C
6	在我们的领导文化中允许犯一些错误	A	B	C
7	我培植和鼓励一种创新精神	A	B	C
8	我为组织里的领导者提供持续的高水平的培训	A	B	C
9	我知道我的领导不是基于我的权威，我的行动反映了这一想法	A	B	C
10	我周围的关键人物把我当作一个可靠的、自信的领导者	A	B	C
11	我的关键领导者对于我给他们创造的机会表示感谢	A	B	C
12	我愿意把一部分责任分给团队成员	A	B	C
13	我帮助我周围的领导者发展	A	B	C
14	我的下属感到，当他们有好的想法或取得个人成就时，我是最好的鼓励者	A	B	C
15	团队成员表示，他们感到我对他们的信任超过他们对自己的信任	A	B	C
16	我鼓励我的团队成员建立个人发展计划，而且我愿意给他们以指导	A	B	C
17	我将提供基金让团队成员得到更好的培训	A	B	C
18	人们看上去愿意参加我的团队	A	B	C
19	我给予的荣誉胜过我寻求的荣誉，我更愿意看到我的团队而不是我个人得到赞赏	A	B	C
20	我有意识地寻求让我手下的关键成员获得成长和进步的机遇	A	B	C
合计得分				

【测试结论】

评分标准：A=1分；B=2分；C=3分

50～60分：授权是你的强项，作为领导者，你要继续成长，但是你也应该花点时间帮助别人在这方面发展。

40～49分：授权不会妨碍你当一个领导者，但是也不会帮助你。要加强你的领导能力，在授权方面应多下些功夫。

20～39分：授权是你领导能力的弱项。除非在这方面长足进步，否则你的领导效率将会受到很大的负面影响。

测试2 培养下属能力测试

【测试要求】

表4-17中每一个问题，在与你意愿最符合的选项上打“√”，然后加总你的分数。

表4-17 你培养下属的能力怎么样?

序号	测试描述	选项	
1	你是否做到把有真才实学、忠心耿耿的下属提拔到相应的领导岗位上	是	否
2	你们的人才管理和提拔机制是否健全且运转自如	是	否
3	你是否精于授权，做到“大权在手，小权下放”，使下属的才能得到充分发挥	是	否
4	向下属布置任务时，你是否做到目标明确，方法灵活	是	否
5	你是否经常检查下属的任务完成情况，并提出相应的建设性建议	是	否
6	你是否尊重下属提出的建议，做到虚心采纳，贯彻实施	是	否
7	你是否在决策过程中发挥过“智囊团”的作用	是	否
8	你是否为那些有领导才能的下属提供了一系列培训、学习的机会	是	否
9	你是否善于在交谈中授予下属管理、业务、人际关系三大方面的经验	是	否
10	你对有贡献但完不成任务的下属是否能做到区别对待、奖惩分明	是	否
11	你是否能让下属人员经常研讨管理技术、交流管理经验	是	否
12	你是否能为下属创造一种团结进取的工作气氛	是	否
13	你是否同意“良好的成绩来自良好的管理”这句话	是	否
14	在人才提拔上，你能否做到公平合理、不拘一格	是	否
15	你觉得领导者应该多给下属找优点而不是缺点吗	是	否
16	你身上是否具有进取、创新精神，在下属面前做到身先士卒，以身作则	是	否

【测试结论】

评分标准：是=1分；否=0分

15～16分：优秀。你是个培养领导人才的优秀管理者。

12～14分：良好。你同样善于培养领导人才，但尚存在许多不足之处，应该不断健全培养、管理人才的制度，不断改进方法，给予下属充分施展才华和晋升的机会，为下属创造良好的工作环境。

0～11分：不佳。你培养下属的能力不佳，你认真寻找一下原因，从自身做起，以身作则，为下属树立良好的榜样，健全人员提拔制度，为下属提供良好的工作环境和晋升的机会，做到将真正有才识的人提拔到领导岗位上来。另外，干部之间、干群之间、群众之间要加强团结，不能四分五裂，一盘散沙。

模块五　领导与沟通能力训练

教学目标

知识目标

1. 了解领导的含义、作用及手段。
2. 明确领导权力的来源。
3. 掌握几种主要的领导理论。
4. 掌握几种主要的激励理论。
5. 掌握沟通的过程、要素及类型。

能力目标

1. 能够运用领导理论解决实际管理问题。
2. 能够有意识地提高自身权威。
3. 能够科学合理有效地运用权力。
4. 能够运用激励理论和方法解决实际管理问题。
5. 能够克服沟通障碍，提高沟通有效性。

素质目标

1. 具有团队合作精神和协作能力，小组能够协调分工合作完成任务。
2. 具备良好的交流沟通能力，能够有效表达观点并完成成果汇报展示。
3. 具备良好的信息素养和学习能力，能够运用正确的方法和技巧搜集信息、整理信息、分析信息。
4. 具有独立思考和创新能力，能够掌握相关知识点并完成实训任务。

思政目标

1. 树立正确的权力观，树立平等待人，“官”“民”平等意识。
2. 养成良好的为人民服务的意识。
3. 树立正确的激励观，增强激励人、人性化管理的领导观念。
4. 树立与别人良好沟通是一切工作的前提的意识。

思维导图

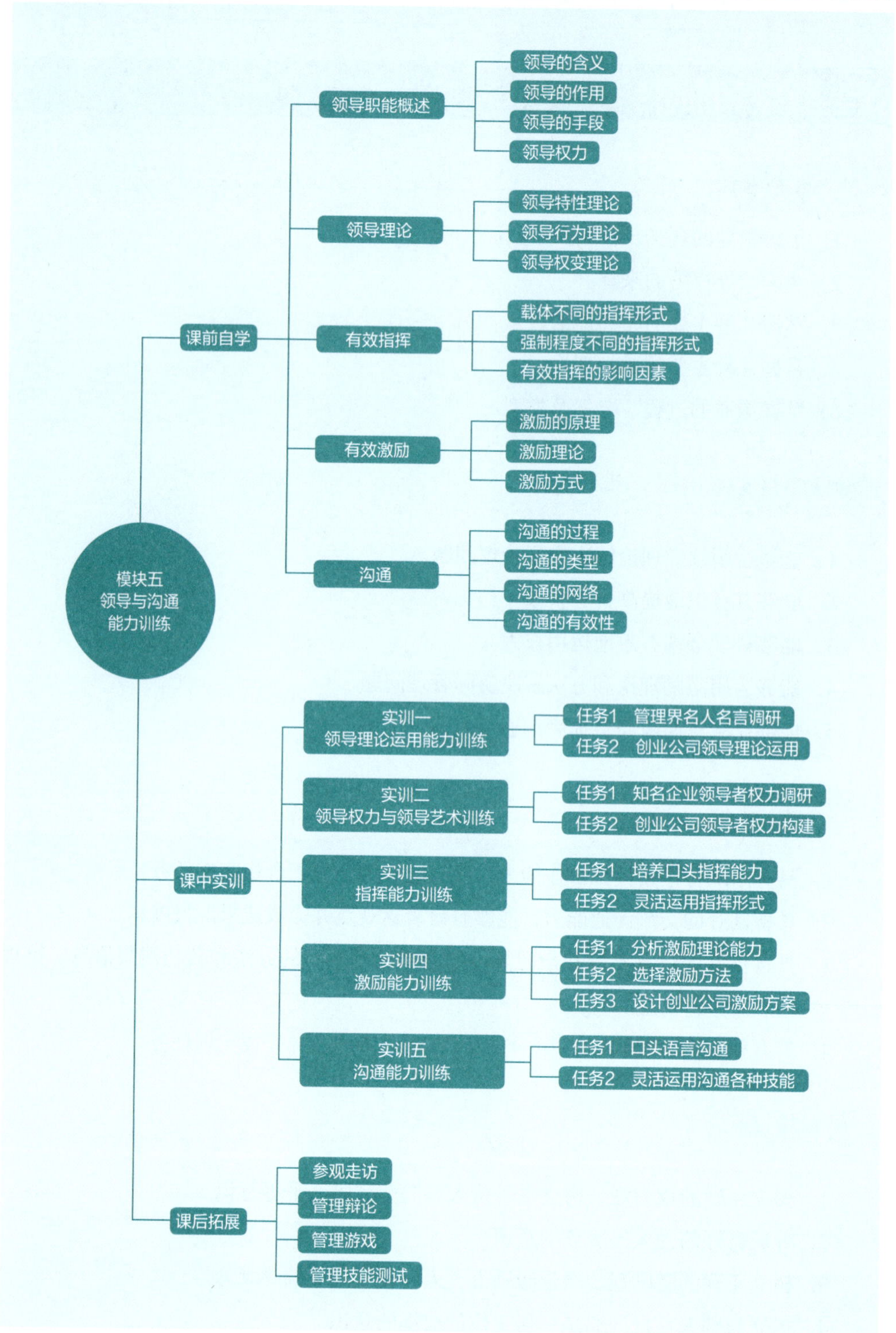
模块五
领导与沟通
能力训练
课前自学
领导职能概述
领导的含义
领导的作用
领导的手段
领导权力
领导理论
领导特性理论
领导行为理论
领导权变理论
有效指挥
载体不同的指挥形式
强制程度不同的指挥形式
有效指挥的影响因素
有效激励
激励的原理
激励理论
激励方式
沟通
沟通的过程
沟通的类型
沟通的网络
沟通的有效性
课中实训
实训一
领导理论运用能力训练
任务1 管理界名人名言调研
任务2 创业公司领导理论运用
实训二
领导权力与领导艺术训练
任务1 知名企业领导者权力调研
任务2 创业公司领导者权力构建
实训三
指挥能力训练
任务1 培养口头指挥能力
任务2 灵活运用指挥形式
实训四
激励能力训练
任务1 分析激励理论能力
任务2 选择激励方法
任务3 设计创业公司激励方案
实训五
沟通能力训练
任务1 口头语言沟通
任务2 灵活运用沟通各种技能
课后拓展
参观走访
管理辩论
管理游戏
管理技能测试

课前自学

一、领导职能概述

领导职能概述

（一）领导的含义

领导是一种影响力，是对人们施加影响的艺术或过程，从而使人们情愿地、热心地为实现组织或群体的目标而努力。

（二）领导的作用

领导是对被领导者施加影响的过程，也就是发挥领导作用的过程。在指挥、带领、鼓励和影响组织中每个成员和全体成员为实现组织目标而努力的过程中，领导者要具体发挥决策、用人、指挥、协调和激励等作用。

（1）决策。任何一个领导者，都要为其所领导的组织及下属指明前进的方向、奋斗的目标。领导的首要职能是确定目标，制定实现目标的战略、策略、方针、措施等。

（2）用人。在一个组织中人是最重要的、能动的因素。一个组织的发展、成功的关键是人才。而人才作用的发挥，要发现与引进人才，更要合理地使用人才，发挥其特长，将其安排到合适的工作岗位，保持合理的人才团队，并根据组织发展的需要及个人的潜能，有目的地做好人才资源发展规划，为组织的持续发展奠定人才基础，这都需要有效的领导。

（3）指挥。指挥是指管理者凭借权威，直接命令或指导下属行事的行为。在一个组织的集体活动中，需要领导者运筹帷幄，根据组织所处的环境、组织内部所具有的条件和组织目标，指导和带领全体员工采取恰当的管理措施和手段去实现组织的目标。指挥在某种意义上说，它既是管理者的一项基本工作，又是领导者的一门艺术。

（4）协调。协调是领导者需要在各种因素的干扰下来处理下属之间的关系和活动，使之朝着共同的目标前进。在一个组织内经常分有不同的工作小组或任务执行单位，各单位自有其“本位观念”和“团体意识”，因而不可避免地与其他单位发生竞争，或者因为意见的不同和观念的差异产生冲突在所难免。这种现象对组织来讲，显然是非常不利的。为消除这种冲突，协调工作十分重要。一个善于协调的领导者，总能让自己的工作顺畅有序地进行，上级乐于支持，同级乐于配合，下级乐于拥护，也为自己的工作顺利展开营造了良好的环境。

（5）激励。激励员工是领导者的有效法宝之一，要调动员工的积极性和创造性，领导者必须了解其下属的需要、欲望，并根据他们在工作与生活中的具体情况采取恰当的激励措施，激发下属的潜能，保持和加速下属积极进取的动力。

（三）领导的手段

领导作为一种影响力，其施加作用的方式或手段主要有指挥、激励和沟通。

（四）领导权力

1. 领导权力的形成

权力是领导者行使领导职能最重要的条件，领导者凭借权力与权威进行有效的指挥。

（1）职位权力，是由组织正式授予领导者的一种法定权力。这种权力与特定的个人没有必然的联系，它是同职务相联系的。

（2）非职位权力，主要指领导者个人威信。这种权力与领导者所处的职位无关，它是由领导者自身的某些特殊条件才具有的个人影响力。

①权力实质上是指管理者对组织及其成员的影响力。

②职权实质上是管理者在组织规定的范围内对下级拥有的支配权力。

③威信实质上是管理者在领导过程中所形成的对下级的感召力。

④权威是指管理者所拥有的对他人的影响与威信。

2. 领导权力的形成机制

领导权力的形成是组织、领导者和被领导者三个方面综合作用的结果。

（1）组织授权。领导者占据组织中的一定职位或承担一定的任务，由组织授予其一定的人、财、物等资源的支配权与工作的决定权。

（2）领导者素质与行为。领导者自身的素质、风格及其领导行为也会对权力产生很大的影响。

（3）被领导者的服从。领导者所拥有的权力是以被领导者的追随与服从为前提的。

（4）其他因素。其他因素包括管理工作的性质、环境等。

3. 被领导者追随与服从心理分析

（1）对正统观念的认同。

（2）对利益的追逐。

（3）基于恐惧心理。

（4）理性信从。

（5）感情因素。

（6）自我实现。

4. 领导者权力构成分析

一个管理者究竟有没有权力，有多大权力，主要从以下六种影响力（权力）进行分析（图5-1）。

（1）法定权。法定权是指管理者由于占据职位，有了组织授权、指挥他人并使得他人服从的权力。被管理者会认为理所当然地要接受管理者的领导。

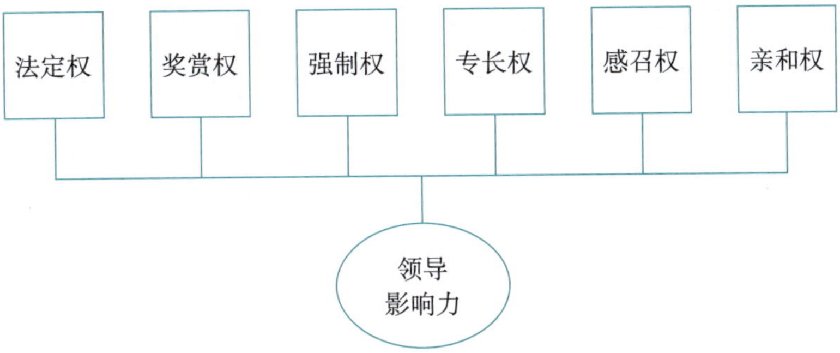

图5-1 领导者权力构成

（2）奖赏权。奖赏属于一种正刺激，是领导者为了肯定和鼓励某一种行为而借助物质或精神方式，使得下属得到满足，从而换取下属的遵从。

（3）强制权。强制权是和惩罚相联系的迫使他人服从的权力，又叫惩罚权。强制权的实施必须有法律、法规、制度做保障，可以采用处分、惩罚等手段。特别是对那些心怀不满的下属来说，他们不会心悦诚服地服从领导的指示，这时就需要用惩罚权来迫使其服从。下级出于恐惧的心理而服从领导。

（4）专长权。领导者如果能涉猎广泛、通古博今、学识渊博，特别是拥有组织活动所必需的一些专业技能，这时就会使得被领导者对其产生一种钦佩力、信任力和信服力，这些共同构成专长权。

（5）感召权。由于领导具有优良的领导作风、思想水平、品德修养，在组织成员中树立了德高望重的影响力。这种影响力的作用不仅大，而且影响时间也比较久。

（6）亲和权。亲和权是指管理者借助与部下的融洽与亲密关系而形成的影响力。下级愿意追随与服从与自己有密切关系的领导。

这六种影响力既是管理者权力的来源，又是管理者提高权威的途径。

5. 领导权力的运用

（1）独立行使权力。

（2）保证权力制衡。

（3）同民主管理相结合。

（4）正确处理职权关系。

（5）重视奖惩效应。

领导理论

二、领导理论

（一）领导特性理论

领导特性理论又称领导特质理论、领导性格理论，主要是通过领导者的性格、生理、智力及社会因素等方面来研究领导者特有的品质，也就是研究怎样性格的人才能成为良好的、有效的领导者。戈登·奥尔波特于1937年首次提出了人格特质理论。他把人格特质分为共性特质和个性特质两类。共性特质是在某一社会文化形态下大多数人或群体所具有的共同特质，个性特质是指个体身上所独具的特质。一般来说，领导者所具有的个性特征如表5-1所示。

表5-1　领导者个性特征的分类

特征	内容
身体特征	年龄、身高、外貌等
背景特征	教育情况、个人经历、社会地位、社会关系等
智力特征	智商、情商、判断分析能力等
个性特征	热情、自信、独立、外向、果断、机警等
与工作有关的特征	责任感、创造性、事业心、进取心等
社会特征	指挥能力、团队合作能力、人际交往能力、声望等

（二）领导行为理论

领导行为理论主张判断领导好坏的标准应该是其领导行为，领导效能通过领导行为来体现，而不是将领导效能归因于领导者的内在素质。领导行为理论中最有影响力的是三分法理论、领导行为四分图理论、管理方格图理论等。

1. 三分法理论（勒温的三种领导风格）

最早对领导作风进行研究的是心理学家库尔特·勒温（Kurt Lewin），他通过实验研究了不同的工作方式对下属群体行为的影响，把领导方式划分为以下三种：

（1）独裁型。独裁型领导方式主要是靠权力和强制命令进行管理，其主要特点是：独断专行，从不考虑别人的意见，完全由领导者自己做出各种决策；不把更多的消息告诉下属，下属没有任何参与决策的机会，只能奉命行事；主要靠行政命令、纪律约束、训斥惩罚来维护领导者的权威，很少或只有偶尔的奖励；领导者预先安排一切工作程序和方法，下属只能服从；领导者与下属保持相当的心理距离。

（2）民主型。实行民主型领导方式的领导者对将要采取的行动和决策与下属商量，并且鼓励下属参与决策。这种领导方式的具体特点是：各种决策都是由领导者和下属共同协商讨论决定的，决策是领导者和其下属共同智慧的结晶；分配工作时，尽量照顾到组织每个成员的能力、兴趣和爱好，对下属工作的安排并不具体，个人有相当大的工作自由，有较多的选择性与灵活性；主要运用个人权力和威信，而不是靠职位权力和命令使人服从；领导者积极参加团体活动，与下属无任何心理上的距离。

（3）放任型。实行放任型领导方式的领导者极少运用其权力，而是给下属以高度的独立性。对工作事先无布置，事后无检查，一切悉听自便，毫无规章制度。

勒温认为，这三种不同的领导风格会造成不同的团体氛围和工作效率。放任型领导方式的工作效率最低，只能达到组织成员的社交目标，但完不成工作目标；独裁型领导方式虽然通过严格管理能够达到目标，但组织成员没有责任感，情绪消极，士气低落；民主型领导方式的工作效率最高，不但能够完成工作目标，而且组织成员之间关系融洽，工作积极主动，有创造性。在实际的组织与企业管理中，很少有极端型的领导，大多数领导方式都是介于放任型、独裁型和民主型之间的混合型。

2. 领导行为四分图理论

将领导行为的内容归纳为两个方面：关心人和关心工作（图5-2）。

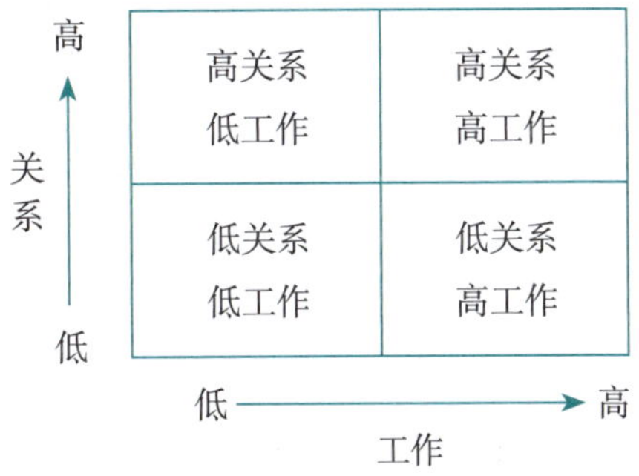

图5-2 领导行为四分图

（1）低关系，低工作行为，这种行为对工作与人均缺乏相应的关心，是一种不负责任的管理行为。

（2）低关系，高工作行为。这种行为重视工作而不重视对人的关心，属于强制管理的行为。

（3）高关系，低工作行为。这种行为重视对人的关心而忽视工作管理，可以认为是一种亲情管理行为。

（4）高关系，高工作行为。这种行为既关心员工，又重视工作，是理想的领导行为模式。

3. 管理方格图理论

领导者在对工作关心与对人关心之间存在着多种复杂的领导方式，可以用二维坐标图来加以表示（图5-3）。

（1）1.1：放任式管理。领导者既不关心工作，也不关心人，是一种不称职的领导。

（2）9.1：任务式管理。领导者高度关心工作任务，而不关心员工。这种方式有利于短期内生产任务的完成，但容易引起员工的反感，于长期管理不利。

（3）1.9：俱乐部式管理。领导者不关心工作任务而只关心人，热衷于融洽的人际关系，不利于生产任务的完成。

（4）9.9：团队式管理。领导者既关心工作，又关心人，是一种最理想的状态。但是，在现实中是很难做到的。

（5）5.5：中庸式管理。领导者对工作的关心与对人的关心都处于一个中等的水平上。在现实中相当一部分领导者都属于这一类。

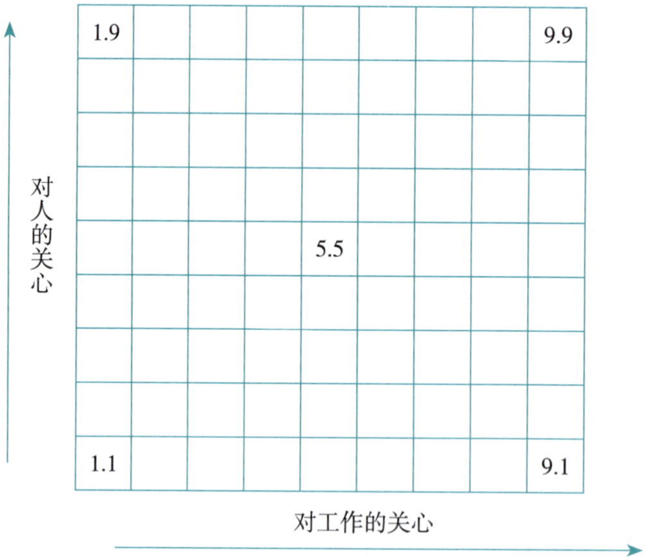

图5-3　管理方格图

（三）领导权变理论

领导权变理论关注的是领导者和被领导者的行为与环境的相互影响。

1. 费德勒的权变理论

把领导方式研究的焦点转向了领导者所处的环境，认为任何领导形式均可能有效，关键是看其所处的环境与领导方式是否适应（表5-2）。

表5-2　不同情境下的有效领导类型

上下级关系	好				差			
任务结构	明确		不明确		明确		不明确	
职位权力	强	弱	强	弱	强	弱	强	弱
情境类型	1	2	3	4	5	6	7	8
领导所处的情境	有利			中间状态		不利		
有效的领导风格	任务导向型			关系导向型		任务导向型		

2. 赫塞—布兰查德的情境领导理论

有效的领导者与被领导者的成熟度有关。所谓成熟度（readiness）是指个体对自己的直接行为负责任的能力和意愿，包括工作成熟度和心理成熟度两个方面（图5-4）。

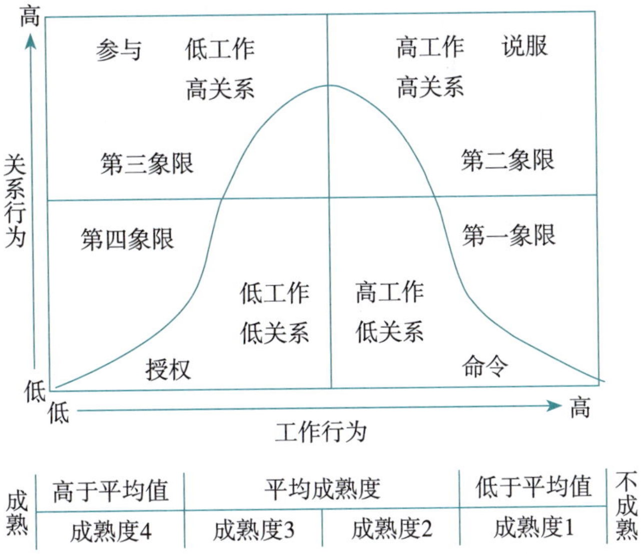

图5-4　领导行为与被领导者的成熟度

三、有效指挥

（一）载体不同的指挥形式

管理者的指挥形式，按所采用的载体不同，可划分为口头指挥、书面指挥和会议指挥三种。

1. 口头指挥

即管理者用口头语言的形式直接进行指挥。口头指挥是最经常、最基本的形式。它具有直接、简明、快速、方便等特点。运用口头指挥形式，要注意掌握以下要领：①内容表达要清晰、准确；②用语简洁有力，详略得当；③讲究语言艺术。

2. 书面指挥

①加强针对性；②增强规范性；③提高写作质量。

3. 会议指挥

①控制会议的议题与规模、次数；②必须做好充分的会前准备；③科学地掌握会议；④狠抓会议内容的落实与反馈。

（二）强制程度不同的指挥形式

1. 命令、决定

①遵循客观规律，坚持从实际出发；②必须采取简明扼要的表达方式，并有很强的可操作性；③注意实施方式的艺术性和有效性。

2. 建议与说服

①要以平等的身份进行交流；②管理者提出的见解、意见要有较高水平；③加强信息反馈与控制。

3. 暗示、示范

①要有鲜明的目的性；②选择恰当的行为方式；③要有其他形式的有机配合。

（三）有效指挥的影响因素

一位管理者的指挥行为是否有效，直接关系到领导成效的高低，其指挥的有效性主要受以下因素影响：

（1）权威。权威是指挥的基础，只有凭借权威才能进行指挥。而且，权威越大，指挥作用越明显。权威是指挥有效性的首要决定因素。

（2）指挥内容的科学性。有效的指挥，首先应是符合客观规律和实际情况的指挥。只有指挥内容科学、正确，才可以产生好的指挥效果。

（3）指挥形式的适宜性。指挥的有效性，在相当程度上取决于指挥形式是否适当。如果采取的形式不恰当，内容正确的指挥也可能收不到好的效果。内容正确的指挥，还要靠科学、合理、恰当的形式来实施，才能收到好的效果。

（4）指挥对象。指挥要适应指挥对象的特点，这样才能为指挥对象所接受，从而使其按照要求自觉服从，达到指挥目的。

（5）环境。指挥的实际效果还受诸如时机、场所、群体氛围、工作性质，以及其他主客观条件的影响。

只有综合处理好以上诸因素，才能实现有效指挥。

四、有效激励

（一）激励的原理

激励是指管理者运用管理手段，刺激被管理者的需要，激发其动机，使其朝着所期望的目标采取行动的心理过程。

激励

1. 动机（motivation）

动机是构成激励的核心要素，是推动人们从事某种活动的内在驱动力。

2. 需要

需要是指个体内部缺乏某种东西的状态。

3. 外部刺激

外在的刺激起到诱发动机的作用。

4. 行为

在激励状态下，人们为动机驱使所采取的实现目标的一系列动作。

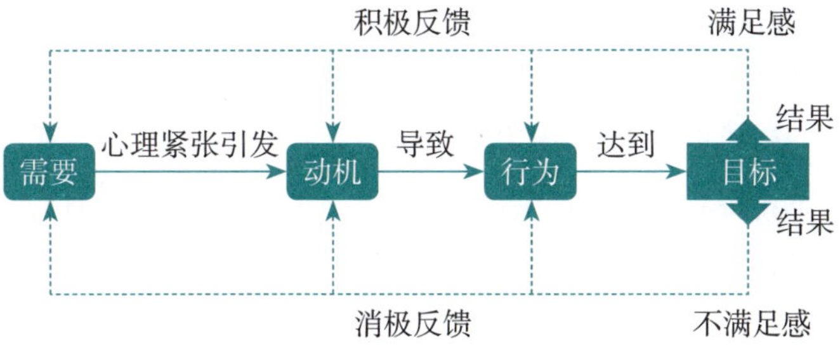

图5-5　个体的基本行为模型

（二）激励理论

激励理论主要研究人的动机激发的因素、机制与途径问题，大致可划分为三类：内容型激励理论，过程型激励理论和行为改造型激励理论。

内容型激励理论主要包括马斯洛的需要层次理论、赫茨伯格的双因素理论、麦克利兰的成就激励理论等。过程型激励理论主要包括弗鲁姆的期望理论、亚当斯的公平理论等。行为改造型激励理论主要包括强化理论、归因理论等。下面主要介绍其中的5种。

1. 需要层次理论

需要层次理论由美国心理学家亚伯拉罕·马斯洛于1943年提出。

基本内容。人的需要可分为五个层次，即生理需要、安全需要、社交需要、尊重需要和自我实现需要（图5-6）。

（1）生理需要。指维持人类自身生命的基本需要。

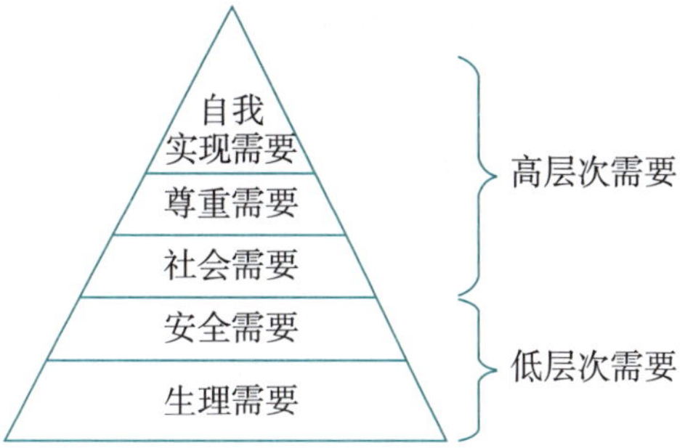

图5-6　人的需要层次

（2）安全需要。指人们希望避免人身危险和不受丧失职业、财物等威胁方面的需要。

（3）社交需要。希望与别人交往，避免孤独，与同事和睦相处、关系融洽的欲望。

（4）尊重需要。人们追求受到尊重，包括自尊与受人尊重两个方面。

（5）自我实现需要。这是一种最高层次的需要。它是指人能最大限度地发挥潜能，实现自我理想和抱负的欲望。这种需要突出表现为工作胜任感、成就感和对理想的不断追求。这一层次的需要是无止境的。

对管理实践的启示：

（1）正确认识被管理者需要的多层次性，片面看待下属需要是不正确的，应进行科学分析，区别对待。

（2）努力将本组织的管理手段、管理条件同被管理者的各层次需要联系起来，用被管理者正在追求的那一层次优势需求来激励他们，以取得较好的激励效果。

（3）该理论为研究人的行为提供了一个比较科学的理论框架，成为激励理论的基础，对管理实践起到了积极的推动作用。

（4）该理论的不足之处是：过于机械和简单，对人的信仰和精神的作用估计不足；关于人的需要是阶梯状由低到高递进的原理，也不能说明人们复杂的需求和行为过程。

2. 双因素理论

双因素理论由美国心理学家赫茨伯格于20世纪50年代提出。

基本内容。两大类影响人的工作积极性的因素：

（1）保健因素（hygiene factors）。这属于和工作环境或条件相关的因素，这类因素主要包括公司的政策、管理和监督、人际关系、工作条件、工资等。

（2）激励因素（motivation）。这属于和工作本身相关的因素。这类因素主要包括工作表现机会和工作带来的愉快，工作成就感，工作挑战性，由于良好的工作成绩而得到的奖励，工作发展前途，职务上的责任感等。

对管理实践的启示：

（1）要善于区分管理实践中存在的两类因素，对于保健因素（如工作条件、住房、福利等）要给予基本的满足，以消除下级的不满。

（2）要抓住激励因素，激发员工的工作热情，创造奋发向上的局面。

（3）注意激励因素的相对性。

3. 期望理论

美国心理学家弗鲁姆于1964年系统地提出了期望理论。弗鲁姆认为，人们对某项工作积极性的高低，取决于他对这项工作能满足其需要的程度及实现可能性大小的评价。用公式表示就是：

$$M=V\times E$$

式中，M——激励力，即激励作用的大小，指人们为达到目标而努力的程度。

V——效价，即一个人对某一结果偏爱的强度，指目标对于个人需要的价值。

E——期望值，即实现目标的概率，指采取某种行动实现目标可能性的大小。

对管理实践的启示：

（1）要有效地进行激励就必须提高活动结果的效价，要提高效价就必须使活动结果能满足个人最迫切的需要。

（2）确定目标的标准不宜过高。凡是能起到广泛激励作用的工作项目，都应是大多数人经过努力可以实现的，这样，通过增大目标实现的概率来增强激励作用。

（3）如果不从实际出发，不考虑员工的实际需要，只从管理者本人或上级主管的长官意志或兴趣出发，推行对员工来说效价不高，实现概率不大的项目，是不可能收到激励作用的。

4. 公平理论

公平理论由美国心理学家亚当斯于1965年提出。亚当斯认为，人的劳动积极性不仅受绝对报酬的影响，更重要的是受相对报酬的影响。这种相对报酬是指个人付出劳动与所得报酬的比较值，包括两种：

（1）横比，即在同一时间内以自身同其他人的相比较。

（2）纵比，即拿自己不同时期的付出与报酬比较。前者可称为社会比较，后者可称为历史比较。

当获得公平感受时，心情舒畅，努力工作；当得到不公平感受时，就会出现心理上的紧张、不安，从而使员工采取行动以消除或减轻这种心理状态。具体行为如试图改变其所得报酬或付出；有意无意曲解自己或他人的报酬或付出；竭力改变他人的报酬等。

对管理实践的启示：

（1）要高度重视相对报酬问题。

（2）要尽可能实现相对报酬的公平性。

（3）当出现不公平现象时，要做好工作，积极引导，防止负面作用发生。

5. 强化理论

强化理论最早是由美国心理学家斯金纳提出的。斯金纳认为，无论是人还是动物，为了达到某种目的，都会采取一定的行为，这种行为将作用于环境。当行为的结果对他有利时，这种行为就会重复出现；当行为的结果对他不利时，这种行为就会减弱或消失。这就是环境对行为强化的结果。这种情形在心理学中被称为“强化”，该理论也由此被称为强化理论。根据强化的性质和目的，强化可分为正强化、负强化、惩罚和消除四种类型。

（1）正强化。在积极的行为发生以后，立即用物质的或精神的鼓励来肯定这种行为。

（2）负强化。负强化是指通过人们为了避免出现不希望的结果而使其行为得以强化。

（3）惩罚。惩罚就是对不良行为给予批评或处分。惩罚可以减少这种不良行为的重复出现，弱化行为。

（4）消除。消除是指对某种行为不采取任何措施，既不奖励也不惩罚。

对管理实践的启示：

（1）要针对强化对象的不同需要采取不同的强化措施，奖惩结合，以奖为主。

（2）小步子前进，分阶段设立目标，及时给予强化。如果目标一次定得太高就难以发挥强化的作用，也很难充分调动强化对象的积极性。

（3）及时反馈。即要通过一定形式和途径，及时将工作结果告诉行动者。

（三）激励方式

要提高激励的有效性，必须采取恰当的激励方式，形成有效的激励机制。激励方式有物质利益激励、企业文化激励和工作激励三种。

1. 物质利益激励

物质激励是指以物质利益为诱因，通过调节被管理者物质利益来刺激其物质需要的方式与手段。

（1）奖酬激励。奖酬激励是指通过收入的差异性和公平性来激发员工的工作热情，主要包括工资、奖金、各种形式的津贴及实物奖励等。

（2）产权激励。产权激励是指通过企业资产所有者对高层次经营人才实行的一种长期激励的报酬制度。

（3）处罚。在经济上对员工进行处罚，属于一种特殊形式的激励。

2. 企业文化激励

企业文化激励是指通过建立企业文化，塑造企业全体员工共同的价值观念和期望模式，树立企业员工的团队意识。企业文化激励在日本、美国等一些知名企业发展中取得了成功经验，并产生了巨大的示范效应。所以，良好的企业文化是组织必不可少的激励手段。

（1）价值观激励。在工作中通过树立正确的、积极的工作价值观去引导员工向积极、健康的方向转变，改善员工的心态，提高员工的工作积极性。

（2）教育培训激励。教育培训激励是指通过灌输组织文化和开展技术知识培训，提高员工的素质，提高其更新知识、共同完成组织目标的热情。

（3）榜样激励。榜样激励是指通过在组织中树立正面典型，鼓励员工斗志，激发员工工作热情，形成你追我赶的工作氛围，从而达到激励的目的。

（4）情感激励。以感情作为激励的诱因，调动人的积极性，主要包括上下级之间建立融洽和谐的关系；促进上下级之间关系的协调与融洽；营造健康、愉悦的团队氛围，满足组织成员的归属感。

3. 工作激励

按照双因素理论，对人最有效的激励因素来自于工作本身，因此，管理者必须善于调整和调动各种工作因素，做好工作设计，千方百计地使下级满意自己的工作，以实现最有效的激励。在实践中，工作激励一般有以下几种途径：

（1）工作适应性。即工作的性质和特点与从事工作的员工的条件和特长相吻合，能充分发挥其优势，引起其工作兴趣，从而使员工高度满意于工作。

（2）工作的意义与工作的挑战性。员工怎样看待自己的工作，直接关系到其对工作的兴趣与热情，进而决定其工作积极性的高低。因此，激励员工的手段就是向他们说明工作的意义，并增加工作的挑战性，从而使其更加重视和热衷于自己的工作，以达到激励的目的。

（3）工作的完整性。管理者应根据工作的性质与需要及人员情况，尽可能将工作分成完整的单元分派给员工，使每个员工都能承担一份较为完整的工作，为他们创造获得完整工作成果的机会和条件。

（4）工作的自主性。人们出于自尊和自我实现需要的心理，期望独立自主地完成工作，不愿意在别人的指挥或强制下被迫工作。这就要求管理者具有尊重下级的心理，通过目标管理等方式，明确目标和任务，提出规范和标准，大胆放权，让下级独立运作、自我控制。

（5）工作扩大化。工作扩大化是指工作范围的扩大或工作多样性，从而增加了工作种类和工作强度，其目的是通过增加员工的工作内容，要求员工掌握更多的知识和技能，从而提高他们的工作兴趣，具体形式有兼职作业、工作延伸和工作轮换等。

（6）工作丰富化。工作丰富化是指在工作中赋予员工更多的责任、自主权和控制权，即提高其工作的层次。工作丰富化与工作扩大化不同，它不是横向地增加员工工作的内容，而是纵向地增加工作内容，具体包括4种形式：将部分管理工作交给员工；吸收员工参与决策和计划；对员工进行业务培训；让员工承担一些需要较高技术水平的工作等。

（7）及时获得工作成果反馈。人们对于那种工作周期长、长时间看不到或根本看不到工作成果的工作很难有兴趣，而对于只要有投入马上就能看到产出的工作兴趣较浓。因此，管理者在工作过程中，应注意及时测量并评定、公布员工的工作成果，尽可能早地使员工得到工作反馈，及时看到他们的工作成果，这会有效地激发其工作积极性。

五、沟通

（一）沟通的过程

沟通

沟通是指借助一定的手段把可理解的信息、思想和情感在两个或两个以上的个人或群体中传递或交换的过程。沟通过程可以分解为5个过程，如图5-7所示。

（1）发送。发送者明确沟通的信息内容。信息发送者发送信息是由于某种原因希望接收者采取某种行动，所以首先要明确信息内容。

（2）编码。发送者将这些信息译成接收者能够理解的符号，如语言、文字、图表和手势等。要发送的信息只有通过编码才能传递。

（3）传递信息。信息发送者通过信息传递通道将信息传递给接收者，如口头交谈、书面文件、电话等。

（4）解码。接收者把收到的信息翻译成自己能够理解的形式。这个过程关系到接收者能否正确理解信息，弄不好的话，信息就会被误解。

（5）反馈。接收者将其理解的信息再返回给发送者，供发送者核查。反馈是信息沟通的逆过程，它构成了信息的双向沟通。

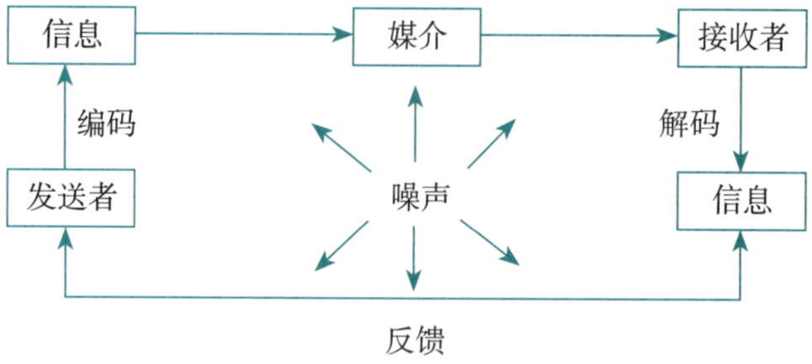

图5-7　沟通的过程

（二）沟通的类型

1. 按照沟通的媒介划分

（1）口头沟通。口头沟通是人们之间最常见的交流方式，是以口头语言为媒介的信息传递，主要包括讲座、讨论会、面对面交谈、电话交谈等。

（2）书面沟通。书面沟通是以书面文字为媒介的信息传递，包括文件、报告、通知、信件和组织内发行的刊物等。

（3）非语言沟通。非语言沟通是指通过某些媒介而不是讲话或文字来传递信息，包括声音、光信号、身体姿势、空间距离等多种形式。

（4）电子媒介沟通。电子媒介沟通是以电子符号的形式通过电子媒介进行的沟通，如利用传真、可视电话、计算机网络、电子邮件等有效地传递或处理信息。随着现代信息和通信技术的发展，特别是计算机互联网的迅速发展，电子媒介在信息沟通的过程中扮演着越来越重要的角色。

2. 按照沟通的渠道划分

（1）正式沟通。正式沟通是通过组织明文规定的渠道所进行的信息传递与交流的沟通方式，也是组织内沟通的主要方式。正式沟通的主要类型包括会议、书面沟通等，如组织间的信函往来和组织内部的汇报、请示、文件传达等。正式沟通的优点是正规、权威性强、沟通效果好、信息不易失真；缺点是对组织机构依赖性较强从而造成速度迟缓，沟通形式刻板。

（2）非正式沟通。非正式沟通是指通过组织正式沟通途径以外的渠道进行的信息传递与交流，它是正式沟通的有机补充，如组织中员工私下交流、议论某人某事、传播小道消息等。非正式沟通以社会关系为基础，它与组织内部的规章制度无关，其优点是不拘形式、传递速度快、容易及时了解正式沟通难以提供的信息等；缺点主要是难以控制，传递的信息不准确，可能导致小集体的产生。对于这种沟通方式，管理人员既不能完全依赖它获取必需的信息，又不能完全忽视它。

3. 按照沟通的方向划分

（1）上行沟通。上行沟通即自下而上的沟通，是指组织内部较低层次人员向较高层次人员的沟通，如请示、汇报、提出意见和要求等。

（2）下行沟通。下行沟通即自上而下的沟通，是指组织内部较高层次人员向较低层次人员的沟通，如上级向下级发布各种命令、指令、指导性文件和规定等。

（3）平行沟通。平行沟通即横向沟通，是指组织内部同一层次人员之间的沟通，如组织内部各职能部门之间、员工之间的信息交流。

4. 按照是否进行反馈和在沟通中的位置是否变换划分

（1）单向沟通。单向沟通是指没有反馈信息传递的沟通方式，信息发送者和接收者之间的位置不发生变化，如作报告、演讲、指示和命令等。它的特点是信息传递速度快，能保持信息发送者的尊严。单向沟通适合于任务紧急、工作简单、无须反馈的情景，但准确性差。另外，它还缺乏民主性，容易使接收者产生抵触情绪，沟通效果较差。

（2）双向沟通。双向沟通是指有反馈的信息传递的沟通方式，是信息的发送者和接收者的位置不断变化的沟通，如交谈、协商、会议、谈判等就是典型的双向沟通。双向沟通能使信息得到及时反馈，具有传递准确性高、参与感强等优点，但速度慢，参与者的心理压力大，容易受干扰。

（三）沟通的网络

沟通的网络是指组织的沟通信息纵横流动所形成的各种状态，它实际上是对各种沟通形式的概括。常见的沟通网络一般有5种结构形式，即链式、轮式、环式、Y式和全通道式，如图5-8所示。

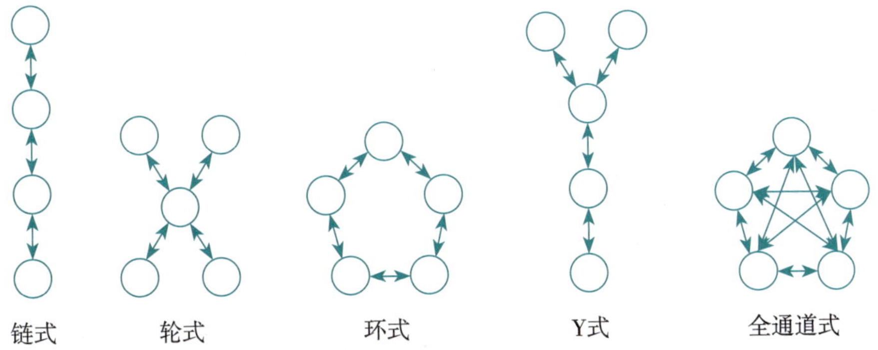

图5-8 5种沟通网络

（1）链式沟通网络。这是一个纵向沟通网络，信息逐级传递，只有上行沟通和下行沟通。在这个网络中，它的组织系统的工作执行能力最强，但下属的工作积极性、主动性较差。另外，信息经层层传递、筛选，容易失真，各个信息传递者所接收的信息差异很大，平均满意程度有较大差距。

（2）轮式沟通网络。轮式信息沟通网络呈现车轮的形状，领导者与下属之间形成双向沟通，但下属之间没有互相沟通现象。这种信息沟通方式的距离短，信息传递速度快，下属满意程度较低。

（3）环式沟通网络。这种方式可以看成是链式沟通的一个封闭结构，每个人都能与两侧的人沟通信息。在这个网络中，组织的集中化程度较低，下属具有比较一致的满意度。

（4）Y式沟通网络。这也是一种纵向沟通网络，其中只有一个成员位于沟通的中心，成为沟通的媒介。这种网络集中化程度高，解决问题速度快，下属的满意程度较低。

（5）全通道式沟通网络。这是一种开放式的沟通网络，每个成员之间都能互相沟通信息。由于沟通渠道多，下属的平均满意程度高而且差异小，但容易造成混乱，而且费时。

（四）沟通的有效性

在沟通过程中，由于存在着外界干扰以及其他种种因素即“噪声”的影响，信息往往会失真，使得信息的传递不能发挥正常的作用。

1. 有效沟通的障碍

（1）信息过滤。信息过滤是指人们故意操纵信息，使信息接收者接收不到全面的、真实的信息。

（2）情绪障碍。不同的情绪会使得个体对同一信息的介绍截然不同，尤其是在狂喜、悲痛或者抑郁情绪状态下，常常使人不能客观、理智地思考问题，阻碍有效沟通。

（3）语言障碍。语言是一个符号系统，它是描述和表达个人观点的一种手段，每个人的语言系统都是由他独特的经历、个性、社会背景和经济状况、人际交往现状以及个人的需要和意愿等多种因素决定的。语言会引起人们的心理感受，从而导致沟通的障碍。

（4）文化差异。不同文化背景的人进行沟通时，无论是传递商务信息还是非商务信息，常因习俗不同产生沟通障碍。

（5）选择性知觉。选择性知觉是指信息的接收者有选择性地去看或者听信息。在沟通过程中，接收者会根据自己的需要、动机和背景等其他因素，选择性地看或听传递过来的信息。“你听到的并不是对方说的话，而是你想听到的话”，说的就是选择性知觉。

2. 消除沟通的障碍

（1）运用反馈。运用反馈就是在沟通过程中注意反问对方是否明白信息内容并倾听对方的意见。实践证明，很多沟通问题都是由于误解或理解不准确造成的，如果管理者在沟通过程中运用反馈则会有效改善这些问题。因此，管理者在沟通时不要唱独角戏，不要以为自己说的话别人一定能听懂听全，要学会反问对方。反馈可以有效地提高沟通的准确性。

（2）控制情绪。管理者以完全理性化的方式进行沟通的情况是不存在的。不良情绪会使信息传递严重受阻或失真，人们在过分激动或哀伤的时候，既不利于说话，又不利于倾听，所以在传递信息和接收信息时，要善于调节和控制情绪，力求使之保持在一种平和的状态。

（3）简化语言。由于语言可能成为有效沟通的障碍，所以管理者应选择措辞并组织信息，以使信息清楚明确，易于被接收者理解。要努力用最简单的、对方能听得懂的话来表达自己想表达的意思。

（4）注意非语言线索。在沟通过程中，有时候行动比语言更明确，因此，沟通双方一定要注意对方的行动，确保它们和语言相匹配并能起到强化理解的作用，这样能够大大提高沟通的有效性。

（5）积极倾听。所谓积极倾听，就是对信息进行积极主动的搜寻，并理解信息的真实含义。沟通通常是一个沟通双方互动的过程，在这一过程中，沟通双方或数方如果能够认真倾听双方所陈述的问题和意见，就能减少许多由于不认真倾听所致的误解，从而减少沟通过程中的障碍。

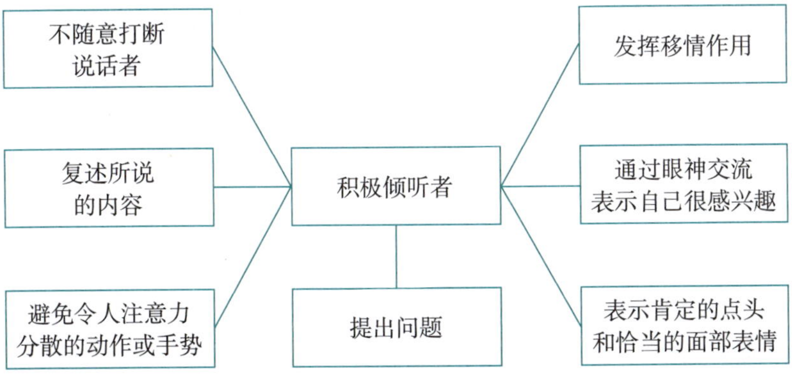

图5-9 积极倾听模式

自学测试

一、单选题

1. 领导和管理是管理学中的两个概念，它们的关系是（　　）。

A. 领导是更大概念，管理是其中的一个职能

B. 管理是更大概念，领导是其中的一个职能

C. 领导和管理是同一层次的概念，可以交互使用

D. 领导是高层次活动的概念，管理是具体活动的概念，两者在实际工作中是互相促进的

2. 根据费德勒的领导权变理论，影响领导风格有效性的因素不包括（　　）。

A. 上下级之间的关系　　B. 任务结构

C. 职位权力　　D. 分权程度

3. 在一定程度上，从管理者所采取的管理方式中可以看出他们对于人性的认识。例如，采用“胡萝卜加大棒”方式的管理者常常把人看作是（　　）。

A. 经济人　　B. 社会人　　C. 复杂人　　D. 自我实现人

4. 赫茨伯格提出的双因素理论认为，有一种因素不能直接起到激励的作用，但能防止人们产生不满情绪，这类因素是（　　）。

A. 保健因素　　B. 激励因素

C. 成就因素　　D. 需要因素

5. 管理需要信息沟通，而信息沟通必须具备的三个关键要素是（　　）。

A. 传递者、接收者、信息渠道　　B. 发送者、传递者、信息内容

C. 发送者、接收者、信息内容　　D. 发送者、传递者、接收者

二、多选题

1. 费德勒所确定的对领导的有效性起影响因素的三个维度是（　　）。

A. 职位权力　　B. 任务结构

C. 上下级关系　　D. 领导者性格

E. 管理跨度

2. 马斯洛提出的五种需求中，包括（　　）需求。

A. 生理　　B. 尊重

C. 安全　　D. 爱情

E. 自我实现

3. 激励的理论主要有（　　）。

A. 需要层次理论　　B. 双因素理论

C. 期望理论　　D. 公平理论

E. 强化理论

4. 强化理论认为（　　）。

A. 人的行为结果对自己有利时，这种行为可以重复出现

B. 人的行为受外部环境影响

C. 人的行为结果对自己不利时，这种行为会消退和终止

D. 人的行为受内心活动影响

5. 克服沟通中的障碍的准则是（　　）。

A. 创造一个相互信任、有利于沟通的小环境

B. 加强平行沟通，促进横向交流

C. 明了沟通的重要性，正确对待沟通

D. 培养“听”的艺术

E. 缩短信息传递链，拓宽沟通渠道

三、判断题

1. 领导是管理工作的一部分，二者之间存在明显的区别。（　　）
2. 对领导者来说，进行领导，职位权力比个人权力更重要。（　　）
3. 金钱激励一直是管理者手中重要的激励手段。（　　）
4. 企业在任何情况下都应该坚持正激励为主、负激励为辅。（　　）
5. 由于冲突常常会给组织带来消极影响，是暴力、破坏和非理性的同义词，因此我们应该尽力避免。（　　）

四、简答题

1. 简述领导者和管理者的联系和区别。
2. 当代领导理论包括哪些？在实践中如何运用这些理论？
3. 造成人际沟通中产生障碍的因素有哪些？如何改善人际沟通？
4. 结合实际情况，分析如何提高说和听的技巧。
5. 你认为学校用哪些激励方式和手段可以提高大学生的学习热情？

课中实训

实训一 领导理论运用能力训练

任务1 管理界名人名言调研

任务描述：每个组员搜集3～5条有关管理方面的名人名言，并分析每条名人名言蕴含的管理理论，在组内讨论交流。请将研究成果做成展示PPT，并将要点记录在表5-3中。

表5-3 管理名人名言

管理界名人	名人名言	蕴含领导理论

任务2 创业公司领导理论运用

任务描述：每个组员根据自己在创业公司承担的管理岗位需求，拟定运用何种领导理论指导开展管理工作。请将研究成果做成展示PPT，并将要点记录在表5-4中。

表5-4 领导理论指导创业公司岗位管理工作

岗位名称	运用领导理论	领导行为具体描述

训练效果评价

考核评价内容如表5-5所示。

表5-5 领导理论运用能力考核评价表

内容		评价	
学习目标	评价内容	个人评价（5、4、3、2、1）	小组评价（5、4、3、2、1）
应知应会知识	领导特质理论		
	领导行为理论		
	领导权变理论		
专业能力	简述领导理论的论点		
	阐明领导理论的意义		
	采用科学的领导方式		
通用能力	组织能力		
	团队协作能力		
	领导能力		
态度	认真、端正、踏实		
努力方向：		建议：	

实训二 领导权力与领导艺术训练

任务1 知名企业领导者权力调研

任务描述：以小组为单位，每个小组成员选择某行业内知名企业，就该企业某个层次的领导者的领导手段和方式、领导风格进行调研。请将研究成果做成展示PPT，并将要点记录在表5-6中。

表5-6 知名企业领导者权力调研

知名企业领导者	领导手段和方式	领导行为具体描述

续表

知名企业领导者	领导手段和方式	领导行为具体描述

任务2　创业公司领导者权力构建

任务描述：每个组员根据自己在创业公司承担的某层次领导岗位，拟定运用何种领导方式开展领导工作。请将研究成果做成展示PPT，并将要点记录在表5-7中。

表5-7　创业公司领导岗位权力运用

创业公司某层次领导岗位	领导手段和方式	领导行为具体描述

训练效果评价

考核评价内容如表5-8所示。

表5-8　善用领导艺术能力考核评价表

内容		评价	
学习目标	评价内容	个人评价 （5、4、3、2、1）	小组评价 （5、4、3、2、1）
应知应会知识	领导权力构成		
	领导权力形成机制		
	领导权力的运用		

续表

内容		评价	
学习目标	评价内容	个人评价（5、4、3、2、1）	小组评价（5、4、3、2、1）
专业能力	学会用权的艺术		
	学会授权的艺术		
	学会用人的艺术		
通用能力	人际关系能力		
	团队协作能力		
	领导能力		
态度	领导的意识		
努力方向：		建议：	

实训三 指挥能力训练

任务1 培养口头指挥能力

任务描述：以小组为单位，每个组员选择以下某个工作场景，根据指挥知识和技能要点，拟定运用指挥艺术开展领导工作。请将研究成果做成展示PPT，并将要点记录在表5-9中。

【工作场景1】销售主管王某接到公司办公室的通知，公司下周要在销售部安装电子订单系统，需要把销售部门的全部客户资料和过去一年的订单记录都统计好，他手下的员工小张负责销售统计，假设你是销售主管如何运用指挥技能给小张委派这项工作。

【工作场景2】在一家酒店，一位正在结账的客人在前台足足等了20分钟而未等到账单，因此大发雷霆。前台服务员向客人解释并再三道歉，客人不依。假设你是前厅经理，如何运用指挥技能现场处理这项工作？

【工作场景3】凌晨2点多钟，三楼女生宿舍某卫生间水管突然爆裂，此时楼门和校门已经关闭，人们都沉睡在梦中，只有邻近的几个宿舍的学生惊醒，水不断地从卫生间顺着东西走廊涌出，情况非常紧急。假如你身处其中，如何利用你的指挥能力化险为夷？

【工作场景4】2021年12月29日，金茂国际大酒店的俱乐部二楼商务套房8202的韩国客人，离开俱乐部后打电话说在房间遗失手表一块，价值20万元。假设你是客房经理，你怎么运用指挥技能现场处理这起事件？

【工作场景5】车间内，E4线流水线正在运作，E4线员工李某边工作边打盹，此时E4线组长巡检看到了，大声叫道："李涛，干什么呢！大清早的刚上班你就在这打盹，是不是不想干了，不想干就走人！生产线上不缺你一个。"说完转身对其他员工说："以后上班再让我看到你们谁有打盹的直接开除！不想干就走人！"组长刚说完，员工李某一拍桌子站起来叫道："有什么大不了的，开除就开除，我还不想干了呢！"说完就摘掉工作帽离开了车间……假设你是E4线组长，如何运用指挥技能处理这件事？

表5-9 口头指挥艺术

研究课题	指挥方式记录
工作场景 1	
工作场景 2	
工作场景 3	
工作场景 4	
工作场景 5	

任务2 灵活运用指挥形式

任务描述：以小组为单位，每个组员选择以下某个工作场景，根据指挥知识和技能要点，拟定运用指挥艺术开展领导工作。请将研究成果做成展示PPT，并将要点记录在表5-10中。

【课题1】A大学班长李某，针对班级近期上课迟到现象比较严重的情况，准备整顿班风。

【课题2】B公司总部人事部部长王某，近期人事部要在全公司各个岗位开展工作分析，制定岗位说明书，准备协调公司各部门负责人动员一下这项工作。

【课题3】临近春节了，C公司车间主任张某接到上级指示，要加班加点完成生产任务，张某如何给车间员工部署工作。

【课题4】"双十一"即将来临，D公司市场部部长赵某负责管理全国100家门店，就"双十一"门店促销工作要向100家门店店长部署。

【课题5】临近"五一"表彰，E公司各部门已经评选出上报"五一"先进个人，总经理助理韩某，接到总经理指示，要向全公司通报一下"五一"先进个人，激励全公司员工学习榜样，再创佳绩。

表5-10 灵活运用指挥形式

角色	指挥形式	指挥方式记录
课题 1		
课题 2		
课题 3		
课题 4		
课题 5		

训练效果评价

考核评价内容如表5-11所示。

表5-11 善于指挥能力考核评价表

内容		评价	
学习目标	评价内容	个人评价（5、4、3、2、1）	小组评价（5、4、3、2、1）
应知应会知识	载体不同的指挥形式		
	强制程度不同的指挥形式		
	有效指挥的影响因素		
专业能力	学会指挥的艺术		
	能驾驭处理突发事件		
	能协调上下级同级部门		
通用能力	人际关系能力		
	团队协作能力		
	领导能力		
态度	领导的意识		
努力方向：		建议：	

实训四 激励能力训练

任务1 分析激励理论能力

任务描述：以小组为单位，选择6个不同行业，每个组员从中选择一家知名企业，调研其企业管理中对激励理论的运用情况。请将研究成果做成展示PPT，并将要点记录在表5-12中。

表5-12　知名企业管理运用激励理论案例

研究项目	研究结果
知名企业名称	
主营业务范围	
借鉴激励理论 1	
借鉴激励理论 2	
借鉴激励理论 3	

任务2　选择激励方法

任务描述：以小组为单位，选择6个不同行业，每个组员从中选择一家知名企业，调研其企业管理中对激励手段的运用情况。请将研究成果做成展示PPT，并将要点记录在表5-13中。

表5-13　知名企业管理运用激励手段案例

研究项目	研究结果
知名企业名称	
主营业务范围	
激励手段 1	
激励手段 2	
激励手段 3	
激励手段 4	
激励手段 5	

任务3　设计创业公司激励方案

任务描述：根据模块一的实训组建创业公司的业务需求，选择创业公司某类人群或岗位，充分运用激励理论和手段设计该类人群或岗位的激励方案。请将研究成果做成展示PPT，并将要点记录在表5-14中。

表5-14 创业公司激励方案

研究项目	研究结果
创业公司名称	
主营业务范围	
人群或岗位	
设计激励方案	

训练效果评价

考核评价内容如表5-15所示。

表5-15 激励能力考核评价表

<table>
<tr><th colspan="2">内容</th><th colspan="2">评价</th></tr>
<tr><th>学习目标</th><th>评价内容</th><th>个人评价
（5、4、3、2、1）</th><th>小组评价
（5、4、3、2、1）</th></tr>
<tr><td rowspan="3">应知应会知识</td><td>激励基本过程</td><td></td><td></td></tr>
<tr><td>激励常用理论</td><td></td><td></td></tr>
<tr><td>激励方法和手段</td><td></td><td></td></tr>
<tr><td rowspan="3">专业能力</td><td>能描述激励理论的观点</td><td></td><td></td></tr>
<tr><td>能了解激励理论的启示</td><td></td><td></td></tr>
<tr><td>学会不同的激励方法</td><td></td><td></td></tr>
<tr><td rowspan="3">通用能力</td><td>人际关系能力</td><td></td><td></td></tr>
<tr><td>团队协作能力</td><td></td><td></td></tr>
<tr><td>领导能力</td><td></td><td></td></tr>
<tr><td>态度</td><td>科学的激励意识</td><td></td><td></td></tr>
<tr><td colspan="2">努力方向：</td><td colspan="2">建议：</td></tr>
</table>

实训五 沟通能力训练

任务1 口头语言沟通

任务描述：每个组员分别扮演以下场景中某个角色，根据游戏规则，每个组员充分运用口头语言沟通的知识和技能要点扮演角色。请将游戏过程记录做成展示PPT，并将要点记录在表5-16中。

游戏背景：私人飞机坠落在荒岛上，只有6人存活。这时逃生工具只是一个只能容纳1人的橡皮气球吊篮，没有水和食物。

游戏规则：针对由谁乘坐气球先行离岛的问题，各自陈述理由。先复述前一人的理由，再陈述自己的理由。最后，由大家根据复述别人逃生理由的完整性与陈述自身离开理由的充分性，自行决定可先行离岛的人。

游戏角色：

（1）孕妇：怀胎八月。

（2）发明家：正在研究新能源（可再生、无污染）汽车。

（3）医学家：多年研究艾滋病的治疗方案，已取得突破性进展。

（4）宇航员：即将远征火星，寻找适合人类居住的新星球。

（5）生态学家：负责热带雨林抢救工作组。

（6）流浪汉。

表5-16 口头语言沟通游戏考核记录

编号	考核项目	考核结果
1	发言次数的多少	
2	是否善于提出新的见解和方案	
3	是否敢于发表不同的意见	
4	是否善于消除紧张气氛，说服别人，调解有争议的问题	
5	是否尊重他人	
6	是否倾听别人的意见	
7	是否侵犯他人的发言权	
8	语言表达能力、概括能力	
9	逻辑思维能力	
10	陈述理由是否具有说服力	

任务2 灵活运用沟通各种技能

任务描述：完成特别销售任务，以小组为单位，每个小组选择其中一个课题，在20分钟时间内运用头脑风暴法构思一条30秒钟的广告语，用来向特定人群推销商品，要注意，这些人群看起来不需要这些商品，实际上应该完全拒绝这些商品。比如向非洲人销售羽绒服，向和尚销售梳子等。总之，每个人面临的挑战是销售不可能卖出的商品。

汇报环节由全体组员共同展示广告中的场景，该广告应注意以下三点：

A. 该商品如何改善特定人群的生活。

B. 这些特定人群应怎么有创造性地使用这些商品。

C. 该商品与特定人群现有的特有目的和价值标准之间是如何匹配的。

其他学生暂时扮演那个特定人群，认真倾听该小组的广告词，应该根据广告能否打动他们，是否激起了他们的购买欲望，是否能够满足某个特定需求来做出判断。最后通过举手的方式，统计出有多少人会被说服而购买这个产品；有多少人觉得这些推销员很可笑，简直是白费力气。

【课题1】向非洲人销售羽绒服。

【课题2】向和尚销售梳子。

【课题3】向漠河人推销蚊帐。

【课题4】向云南人推销空调。

请将游戏过程记录做成展示PPT，并将要点记录在表5-17中。

表5-17 灵活运用沟通各种技能游戏考核记录

编号	考核项目	考核结果
1	广告语是否有创意	
2	扮演广告场景真实性	
3	语言表达能力	
4	语言概括能力	
5	广告说服力	
6	肢体语言运用情况	
7	陈述理由是否具有说服力	
8	逻辑思维能力	

训练效果评价

考核评价内容如表5-18所示。

表5-18 沟通能力考核评价表

内容		评价	
学习目标	评价内容	个人评价（5、4、3、2、1）	小组评价（5、4、3、2、1）
应知应会知识	沟通的过程		
	组织沟通障碍		
	有效沟通的原则		
	说、听的技巧		
专业能力	区分信息传递类型		
	提高沟通有效性		
	学会说、听的技巧		
通用能力	说、听能力		
	应变能力		
	创新能力		
态度	信息沟通意识、改善人际关系		
努力方向：		建议：	

复盘反思

1. 知识盘点：通过领导与沟通模块的学习，你掌握了哪些知识点？请画出思维导图。

2. 方法反思：完成本模块学习和实训的过程中，你学会了哪些分析和解决问题的方法？

3. 行动影响：在完成本模块学习和实训的过程中，你认为自己还有哪些地方需要改进？

实训模块评价

技能点评价

使用说明：

按技能点评价指标评定成绩，满分为100分。其中，各训练任务中技能点为60分，展示陈述为40分。教师评价占比为60%，学生互评占比为40%。

技能点评价指标		分值	得分
领导与沟通能力	知名企业管理运用领导理论调研分析全面性	10	
	知名企业家领导手段与方式调研分析客观性	10	
	指挥能力训练体会程度	10	
	激励能力训练体会程度	10	
	灵活运用沟通各种技能	10	
	设计创新公司激励方案可行性	10	
展示陈述	专业知识综合运用程度	10	
	视听觉辅助工具使用程度	10	
	团队合作	5	
	语言技巧	5	
	非语言技巧	5	
	时间分配	5	
合计得分			

素质点评价

使用说明：

按素质点评价指标评定成绩，按优秀为5分、良好为4分、一般为3分、合格为2分、不合格为1分五个等级评价，分为学生自评与小组成员互评。

素质点评价指标		得分	平均分
自评	团队合作精神和协作能力：能与小组成员合作完成项目		
	交流沟通能力：能良好表达自己的观点，善于倾听他人的观点		
	信息素养和学习能力：善于搜集并借鉴有用资讯和好的思路想法		
	独立思考和创新能力：能提出新的想法、建议和策略		

续表

素质点评价指标		得分	平均分
组员 1	团队合作精神和协作能力：能与小组成员合作完成项目		
	交流沟通能力：能良好表达自己的观点，善于倾听他人的观点		
	信息素养和学习能力：善于搜集并借鉴有用资讯和好的思路想法		
	独立思考和创新能力：能提出新的想法、建议和策略		
组员 2	团队合作精神和协作能力：能与小组成员合作完成项目		
	交流沟通能力：能良好表达自己的观点，善于倾听他人的观点		
	信息素养和学习能力：善于搜集并借鉴有用资讯和好的思路想法		
	独立思考和创新能力：能提出新的想法、建议和策略		
组员 3	团队合作精神和协作能力：能与小组成员合作完成项目		
	交流沟通能力：能良好表达自己的观点，善于倾听他人的观点		
	信息素养和学习能力：善于搜集并借鉴有用资讯和好的思路想法		
	独立思考和创新能力：能提出新的想法、建议和策略		
组员 4	团队合作精神和协作能力：能与小组成员合作完成项目		
	交流沟通能力：能良好表达自己的观点，善于倾听他人的观点		
	信息素养和学习能力：善于搜集并借鉴有用资讯和好的思路想法		
	独立思考和创新能力：能提出新的想法、建议和策略		
组员 5	团队合作精神和协作能力：能与小组成员合作完成项目		
	交流沟通能力：能良好表达自己的观点，善于倾听他人的观点		
	信息素养和学习能力：善于搜集并借鉴有用资讯和好的思路想法		
	独立思考和创新能力：能提出新的想法、建议和策略		
总评得分			

课后拓展

参观走访

训练项目1 中小企业领导影响力调查

【实训目标】

1. 增强对企业领导影响力的感性认识。
2. 培养对企业领导影响力的初步分析能力。

【实训内容与方法】

1. 到一家中小企业，对该企业的领导权力情况进行调查，并运用所学知识进行分析诊断。

2. 在调查访问之前，每个小组需要根据所学知识，并经过讨论制定调查访问的提纲，包括调研的主要问题与具体安排。具体内容可参考下列问题：

（1）领导与手下的关系。

（2）领导工作情况。

（3）员工的工作情绪。

3. 调查访问结束后，小组成员组织一次交流与讨论。

【标准与评估】

1. 标准：必须到真实企业中做实地调查，能准确地分析该领导影响力状况，提出自己的分析意见与建议。

2. 评估：（1）每人写一份简要的调查访问报告。（2）以小组为单位，分别由小组负责人根据每个成员在调研中的表现进行评估打分。（3）对各小组的调查报告及其成员在讨论中的表现分别评估打分。

训练项目2　中小企业激励制度调查

【实训目标】

1. 增强对企业激励制度的感性认识。

2. 培养对企业激励制度的初步分析能力。

【实训内容与方法】

1. 到一家中小企业，对该企业的激励情况进行调查，并运用所学知识进行分析诊断。

2. 在调查访问之前，每个小组需要根据所学知识，并经过讨论制定调查访问的提纲，包括调研的主要问题与具体安排。具体内容可参考下列问题：

（1）企业激励制度。

（2）员工对企业激励的态度。

3. 调查访问结束后，小组成员组织一次交流与讨论。

【标准与评估】

1. 标准：必须到真实企业中做实地调查，并能运用激励理论进行分析。

2. 评估：（1）每人写一份简要的调查访问报告。（2）以小组为单位，分别由小组负责人根据每个成员在调研中的表现进行评估打分。（3）对各小组的调查报告及其成员在讨论中的表现分别评估打分。

管理辩论

题目 领导素质与领导艺术

正方：领导素质决定领导艺术

反方：领导素质对领导艺术无影响

【实训目标】

1. 掌握领导的基本理论。
2. 培训学生的领导能力。
3. 初步学会领导艺术。
4. 锻炼口才和反应能力。
5. 锻炼团队的组织和协作能力。

【实训内容】

1. 论述领导基本理论的应用。
2. 论述领导素质对管理者的影响作用。
3. 探讨领导艺术与技巧。

【方法与要领】

1. 分正方与反方两组，全班可分为若干小组进行组合。

2. 每个小组推荐4名辩手并依次排序第一辩手、第二辩手、第三辩手、第四辩手，角色分工：1辩陈述观点、2辩3辩自由辩论、4辩总结观点。

3. 正方论述领导素质决定领导艺术。

4. 反方以领导理论、领导方式和领导技能体现领导艺术等论点反驳正方。

5. 正反双方在辩论中，既要回答对方的提问，也要向对方提出疑难问题，要求对方解答。

6. 坚持理论与实践相结合，做到举例鲜明生动，正反双方都要形成书面辩论资料呈给老师或者评委。

【成绩测评】

由教师、学生或者邀请企业领导者评论辩论的结果。

管理游戏

管理小游戏：寻找共同的图案

【训练目的】

综合运用领导手段，包括指挥、激励、沟通等。

【材料用具】

空白纸条，带有图案信息的纸条。

【训练时间】

实训时间30分钟。

【规则程序】

（1）首先将学生分成多个小组，每个小组6～8人。小组划分完，各小组成员在小组内部选举出1位“董事长”，然后由“董事长”从小组成员中挑选并任命1位经理，其他小组成员作为员工。组织框架基本构建起来。

（2）教师说明游戏规则。

第一，不许越级指挥和汇报，即“董事长”不能越过经理直接指挥员工，员工也不允许越过经理直接向“董事长”汇报和询问。

第二，只允许使用文字方式沟通，不允许讲话。要在30分钟内完成，哪个组最先完成任务就算优胜者。

第三，不管遇到什么问题，只有“董事长”有权举手示意，并低声向教师询问，此外的所有事情都只能在组织内部通过文字沟通的方式解决。

（3）教师给每个小组发放厚厚的一沓类似便签的空白纸条，供大家沟通使用。让这些“董事长”们远离他们的经理和员工，经理和员工坐在一起。教师先给每一位“董事长”发放一张上面画有五种图案的纸，图案的下面有几行文字说明，接着又给每一个小组的成员发了类似的一张纸，郑重声明不能交换，游戏开始。

（4）经理和员工拿到的纸是一样的，上面画有五种图案，有的图案是一种鸟，有的图案是交通标志，图案的下面注明教师刚刚宣布的各种游戏规则，此外什么都没有。“董事长”拿到的纸有所不同，除了其他成员掌握的信息外，这张纸上多了一条信息，即“你们小组的每个人都拿了这样一张纸，上面也有五种图案，这些图案是不同的，只有一种图案在你们每个人拿到的纸上都有，你的任务是带领你的下属，在最短的时间内将这个共同的图案找出来，要求小组成员每个人都能向教师指出这个共同的图案”。

仔细观察，每个小组的做法有何不同？结合案例信息，分析各小组表现差异的原因。

【考核标准】

小组成员寻找共同图案用时较少的小组，沟通效率高，团队士气高。

【问题讨论】

（1）你们小组成员沟通效果如何？

（2）你们小组“董事长”和“总经理”指挥技能如何？

（3）你们组内士气高昂吗？激励是否到位？

（4）你在团队中是观望者、倡议者、追随者还是领导者？

【个人感悟】

管理技能测试

测试1 领导能力自我评估

【测试要求】

表5-19中每一个问题，在与你意愿最符合的选项上打“√”，然后合计你的分数。

表5-19 领导能力自我评估表

序号	测试描述	是	否
1	别人拜托你帮忙，你很少拒绝吗	是	否
2	为了避免与人发生争执，即使你是对的，你也不愿发表意见吗	是	否
3	你遵守一般的法规吗	是	否
4	你经常向别人说抱歉吗	是	否
5	如果有人笑你身上的衣服，你会再继续穿它吗	是	否
6	你永远走在时尚的前列吗	是	否
7	你曾经穿那种好看却不舒服的衣服吗	是	否
8	开车或坐车时，你曾经咒骂别的驾驶者吗	是	否
9	你对反应较慢的人没有耐心吗	是	否
10	你经常对人发誓吗	是	否
11	你经常让对方觉得不如你或比你差劲吗	是	否
12	你曾经大力批评电视上的言论吗	是	否
13	如果请的工人没有做好，你会反映吗	是	否
14	惯于坦白自己的想法，而不考虑后果吗	是	否
15	你是个不轻易忍受别人的人吗	是	否
16	与人争论时，你总爱争输赢吗	是	否

续表

序号	测试描述	是	否
17	你总是让别人替你做重要的事吗	是	否
18	你喜欢将钱投资在财富上，而胜过于个人成长吗	是	否
19	你故意在穿着上吸引他人的注意吗	是	否
20	你不喜欢标新立异吗	是	否
合计得分			

【测试结论】

评分标准如表5-20所示。

表5-20 领导能力自我评估评分标准

题号	1	2	3	4	5	6	7	8	9	10	11	12	13	14	15	16	17	18	19	20
是	1	1	1	1	1	1	1	0	0	0	0	0	0	0	0	0	1	0	1	1
否	0	0	0	0	0	0	0	1	1	1	1	1	1	1	1	1	0	1	0	0

说明：

（1）14～20分：你是个标准的跟随者，不适合领导别人。你喜欢被动地听人指挥。在紧急情况下，你多半不会主动出头带领群众，但你很愿意跟大家配合。

（2）7～13分：你是个介于领导者和跟随者之间的人。你可以随时带头，或指挥别人该怎么做。不过，因为你的个性不够积极，冲劲不足，所以常常是扮演跟随者的角色。

（3）6分以下：你是个天生的领导者。你的个性很强，不愿接受别人的指挥。你喜欢指挥别人，如果别人不愿听从的话，你就会变得很叛逆，不肯轻易服从别人。

测试2　领导方式测试

【测试要求】

专制型、民主型、放任型领导方式测验。表5-21测试你属于何种领导方式，在与你意愿最符合的选项上打“√”。

表5-21 领导方式测试

序号	测试描述	是	否
1	你喜欢经营咖啡馆、餐厅之类的生意吗	是	否
2	平时在实施决定或政策之前，你认为有说明其理由的必要吗	是	否
3	在领导下属时，你认为与其一方面跟他们工作，一方面监督他们，不如从事计划、草拟细节等管理工作	是	否
4	在你管辖的部门有一位陌生人，你知道那是你的下属最近录用的人，你不介绍自己而先问他的姓名吗	是	否
5	流行风气接近你的部门时，你当然让下属追求	是	否
6	让下属工作之前，你一定把目标及方法提示给他们	是	否
7	与下属过分亲近会失去他们的尊敬，所以还是远离他们的好，你认为对吗	是	否
8	郊游之日到了，你知道大部分人都希望星期三去，但是从多方面来判断，你认为还是星期四去比较好，你认为不要自己做主，还是大家投票决定好了	是	否
9	当你想要你的部门做一件事时，即使是一件按铃招人即可做的事，你一定要自己去以身作则，以便他们跟随你做	是	否
10	你认为要撤一个人的职并不困难吗	是	否
11	越能够亲近下属，越能够好好领导他们，你认为对吗	是	否
12	你花了不少时间拟定了解决某个问题的方案，然后交给一个下属，可是他一开始就找该方案的毛病，你对此并不生气，但是对于问题依然没解决而觉得坐立不安	是	否
13	充分处罚犯规者是防止犯规的最佳方法，你赞成吗	是	否
14	假定你对某一情况的处理方式受到批评，你认为与其宣布自己的意见是决定性的，不如说服下属请他们相信你	是	否
15	你是否让下属为了他们的私事而自由地与外界的人们交往	是	否
16	你认为你的每个下属都应对你抱忠诚之心吗	是	否
17	与其自己亲自解决问题，不如组织一个解决问题的委员会，对吗	是	否
18	不少专家认为在一个群体中发生不同意见的争论是正常的，也有人认为意见不同是群体的弱点，会影响团结，你赞成第一种看法吗	是	否

【测试结论】

判断：

如果1、4、7、10、13、16题答案“是”多，说明具有专制型倾向。

如果2、5、8、11、14、17题答案“是”多，说明具有民主型倾向。

如果3、6、9、12、15、18题答案“是”多，说明具有自由放任型倾向。

测试3 激励技能自我测试

【测试要求】

表5-22中每一个问题，在与你意愿最符合的选项上打“√”，然后加总你的分数。

表5-22 你是一名好的激励者吗?

序号	测试描述	从不	有时	经常	总是
1	我努力说服并影响员工使他们按我的要求去做，我不去强迫他们	1	2	3	4
2	尽量使员工能享受工作的乐趣	1	2	3	4
3	我运用非语言沟通方面的知识能力来影响他们	1	2	3	4
4	只要有可能，我就向员工提供足够多的真实信息	1	2	3	4
5	我会与跳槽的员工见面，查明他们离开的原因	1	2	3	4
6	如果我进行了员工意见调查，就会特别注意按调查结果采取行动	1	2	3	4
7	我采取行动或当我与他人持不同意见时，向他说明我的理由	1	2	3	4
8	我不用X理论而是用Y理论的管理原则进行管理	1	2	3	4
9	我争取尽早使员工参与到工作事务中来	1	2	3	4
10	我尽力避免“办公室宗派”，并且制止他人耍“政治手腕”	1	2	3	4
11	我对员工的奖励、认可及提升都只以功绩为依据	1	2	3	4
12	我不断地调整基准尺度，以使目标具有激励作用	1	2	3	4
13	我在牢牢监督和给予员工充分自主权之间寻找一种平衡	1	2	3	4
14	行动和计划失败时，我不是责备别人，而是认真分析并加以更正	1	2	3	4
15	我努力寻求共识，并鼓励他人也这样做	1	2	3	4
16	我对体制加以修正，扫清工作中的障碍	1	2	3	4
17	在评估员工工作绩效时，我不仅仅注重经济效益	1	2	3	4
18	我鼓励员工公开他们与他人所得的报酬	1	2	3	4
19	在评估性会见中，我主动要求别人对我提出批评，并且能接受这些批评	1	2	3	4
20	如果我不得不批评某一员工，我会争取到对方充分而明确的反馈	1	2	3	4

续表

序号	测试描述	从不	有时	经常	总是
21	我采取行动以避免或解决争端	1	2	3	4
22	如果必须做出某些困难的人事决定，我会毫不犹豫	1	2	3	4
23	我把不一定非要我来完成的工作授权给他人去做	1	2	3	4
24	我把任务与行动看作促进员工发展的途径	1	2	3	4
25	我鼓励员工按自己的思路办事	1	2	3	4
26	我在组织工作时，会考虑由一个人独立完成整个任务	1	2	3	4
27	我总是在征求可能涉及的人的意见后才采取变革行动	1	2	3	4
28	对工作做得好的员工，我要当面或写信表达感谢	1	2	3	4
29	我会突破条条框框，不按教条工作	1	2	3	4
30	我注意观察，并为那些不能充分发挥自己潜能的员工调整工作	1	2	3	4
合计得分					

【测试结论】

将所有得分加总，然后通过阅读相应评语，检查自己的表现：

得分为30～61分：可能你经常打击员工积极性而不是激励他们，应该立即检查你的表现，找出哪些地方做得不好，赶快采取行动加以改进。

得分为62～93分：你懂得并实践了许多具有激励作用的做法，然而，如果你不断留心，还可以抓住许多激励员工的机会。这些行动的效果会比另一些更好，若经常采取会立即见效。

得分为94～126分：如果你已对测试诚实作答，那就恭喜你，你创造了激励工作中的奇迹，要继续保持，不要让高水平降下来。

测试4 沟通技能自我测试

【测试要求】

表5-23中每一个问题，在与你意愿最符合的选项上打“√”，然后加总你的分数。

表5-23　沟通技能测试

序号	测试描述	非常不同意	不同意	比较不同意	比较同意	同意	非常同意
1	我能根据不同对象的特点提供合适的建议或指导	1	2	3	4	5	6
2	当我劝告他人时，更注重帮助他们反思自身存在的问题	1	2	3	4	5	6
3	当我给他人提供反馈意见，甚至是逆耳的意见时，能坚持诚实的态度	1	2	3	4	5	6
4	当我与他人讨论问题时，始终能就事论事，而非针对个人	1	2	3	4	5	6
5	当我批评或指出他人的不足时，能以客观的标准和预先期望为基础	1	2	3	4	5	6
6	当我纠正某人的行为后，我们的关系常能得到加强	1	2	3	4	5	6
7	在我与他人沟通时，我会激发出对方的自我价值和自尊意识	1	2	3	4	5	6
8	即使我并不赞同，我也能对他人的观点表现出诚挚的兴趣	1	2	3	4	5	6
9	我不会对比我权力小或拥有信息少的人表现出高人一等的姿态	1	2	3	4	5	6
10	在与自己有不同观点的人讨论时，我将努力找出双方的某些共同点	1	2	3	4	5	6
11	我的反馈是明确而直接指向问题关键的，避免泛泛而谈或含糊不清	1	2	3	4	5	6
12	我能以平等的方式与对方沟通，避免在交谈中让对方感到被动	1	2	3	4	5	6
13	我以“我认为”而不是“他们认为”的方式表示对自己的观点负责	1	2	3	4	5	6
14	讨论问题时，我通常更关注自己对问题的理解，而不是直接提建议	1	2	3	4	5	6
15	我有意识地与同事和朋友进行定期或不定期的、私人的会谈	1	2	3	4	5	6

评价标准：

【测试结论】

80～90分：你具有优秀的沟通技能。

70～79分：你略高于平均水平，有些地方尚需要提高。

70分以下：你需要严格地训练你的沟通技能。

选择得分最低的6项，作为技能学习提高的重点。

测试5 倾听技能自我评估

以下每一题请选择一个答案，按照你平时的所作所为进行选择，而不是你认为在该情况下应怎么做。

1. 当你与一位朋友共进午餐时，你会（　　）。

   A. 注意菜单和所提供的服务

   B. 问你朋友生活中的事情并注意倾听

   C. 在进餐的同时相互交流彼此发生的一些事情

2. 当某人不停说话时，你会（　　）。

   A. 适时提问以使对方将话题集中在讨论的事件上

   B. 找个借口结束谈话

   C. 努力耐心并理解对方的谈话

3. 如果某群体成员抱怨其同事，恰好你也认为这个人的存在不利于群体，你会（　　）。

   A. 注意该成员的话，但保留你的观点

   B. 谈一些你的看法和你对该雇员的感觉

   C. 肯定该雇员的情绪并询问他有什么建议

4. 如果某人对你很挑剔，你会（　　）。

   A. 不做反应或不沮丧

   B. 不自觉地变得非常好奇并想了解更多

   C. 仔细地听并试图为自己辩解

5. 你很忙，有人要你改变你惯常的做事方式，你认为该人的意见是错的，你会（　　）。

   A. 感谢他，但我行我素　　B. 试图找出他为何要让你改变

   C. 同意，也许他是对的，但要告诉他你很忙，以后会改

6. 当你准备对别人做出反应时，你会（　　）。

   A. 如果有必要，你会打断他　　B. 总是在别人结束谈话之前插话

   C. 总是在确信别人讲完时才做出反应

7. 当你与某个整天在一起工作的人争论一番后，你会（　　）。

   A. 安定下来并试图理解对方的立场然后再重申自己的观点

   B. 让这一切过去，该做什么还做什么

   C. 继续坚持你的立场

8．某同事告诉你，他因为被任命了一项新工作而沮丧，你会（　　）。

A．问他是否能想出解决该问题的方法

B．向他保证他工作得很好，这些工作最后也会很好地完成

C．让他知道你可以体会他的糟糕情绪

9．如果一个朋友总是向你抱怨他的问题，却对你的问题只字不提，你会（　　）。

A．试图找出共同感兴趣的领域

B．总是表示理解或关注他的事情，尽管可能你并不感兴趣

C．支持他的抱怨并提出你自己的烦恼

10．在一场争论中，保持冷静的最好方式是（　　）。

A．以平和但坚定的方式不断重申自己的立场

B．重复说你的信仰就是对方的立场

C．告诉对方说，你更愿意在双方冷静下来的时候探讨该问题

【测试结论】

每一问题的得分如下：

1．A．0	B．10	C．5
2．A．10	B．0	C．5
3．A．5	B．0	C．5
4．A．5	B．10	C．0
5．A．0	B．10	C．5
6．A．5	B．0	C．10
7．A．10	B．5	C．10
8．A．5	B．5	C．10
9．A．0	B．10	C．5
10．A．0	B．10	C．5

总分合计：

80～100分：你是一个积极的、优秀的倾听者。你在倾听和提问间有非常好的平衡并努力理解他人。

50～75分：你是一分良好的倾听者。你能较好地倾听，尽管你有可能在他人尚未结束时就插入你的反应。

25～45分：你有一些倾听技巧但有待提高。你可能在听他人谈话时经常会感到不耐烦，希望他们能闭嘴让你来发表意见。

0～20分：你一般不听别人说话。你可能希望你是谈话场合的主角，并在等别人表达自己的意见时感到极端地不耐烦。

模块六　控制与评价能力训练

教学目标

知识目标

1. 理解控制的含义，掌握控制的目的、作用、内容和类型。
2. 掌握控制的过程。
3. 掌握预算控制和非预算控制的方法。
4. 掌握绩效考核的内容、程序与方法。
5. 了解绩效考核中的错误倾向和绩效改进的重要性。

能力目标

1. 能根据控制的一般原理，进行管理控制过程的分析。
2. 能根据管理问题的性质和情况，选择适当的控制方法。
3. 能运用控制的方法实施具体的管理控制。
4. 能对准初期计划，选择适当的考核方式考核工作绩效。

素质目标

1. 具有团队合作精神和协作能力，小组能够协调分工合作完成任务。
2. 具备良好的交流沟通能力，能够有效表达观点并完成成果汇报展示。
3. 具备良好的信息素养和学习能力，能够运用正确的方法和技巧搜集信息、整理信息、分析信息。
4. 具有独立思考和创新能力，能够掌握相关知识点并完成实训任务。

思政目标

1. 具有规则意识，学会遵守和利用规则提升管理能力。
2. 崇尚宪法、遵纪守法，企业经营管理活动要符合相应的法律法规。
3. 具有客观、公平、公正的绩效评价意识。

思维导图

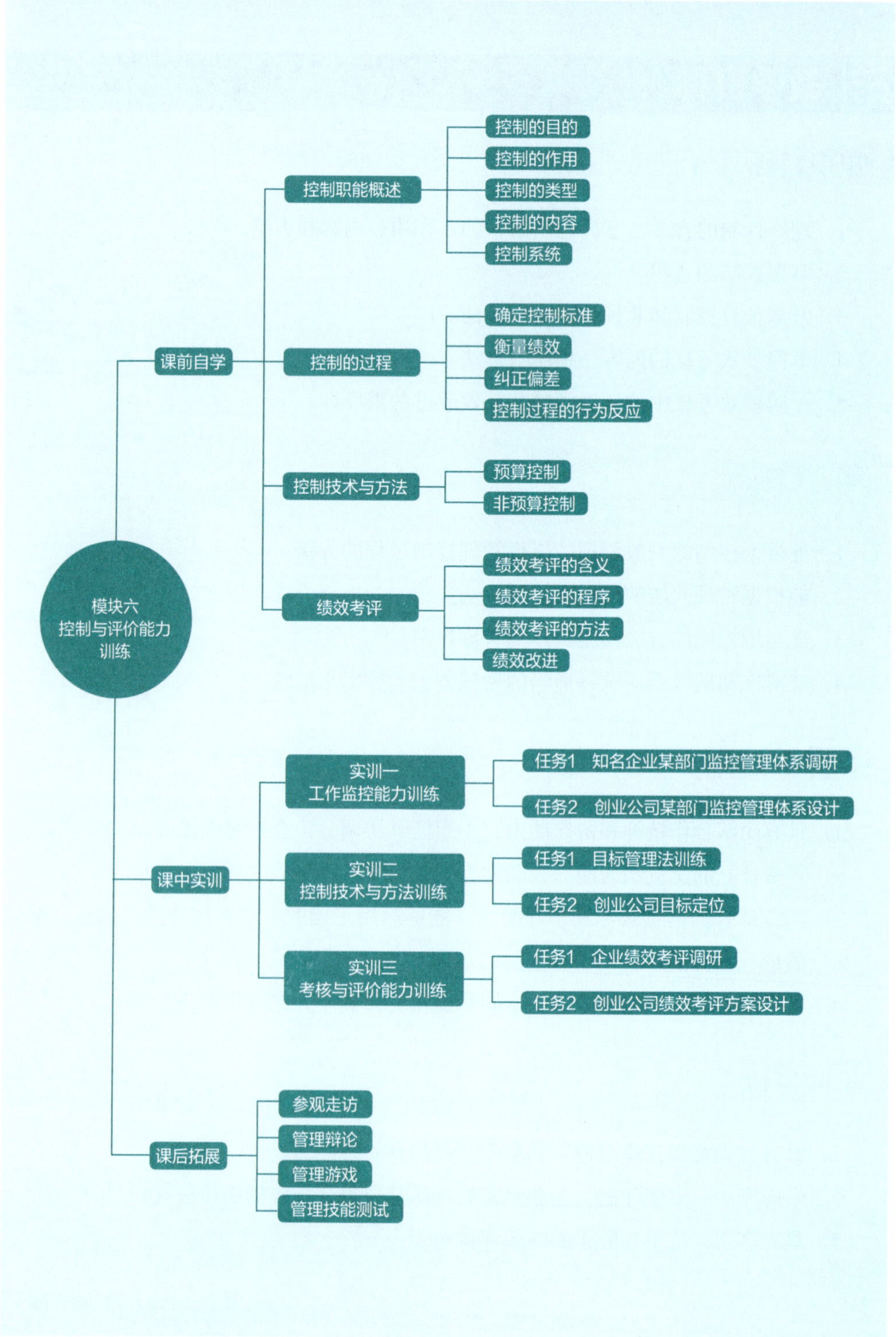
模块六
控制与评价能力训练
课前自学
控制职能概述
控制的目的
控制的作用
控制的类型
控制的内容
控制系统
控制的过程
确定控制标准
衡量绩效
纠正偏差
控制过程的行为反应
控制技术与方法
预算控制
非预算控制
绩效考评
绩效考评的含义
绩效考评的程序
绩效考评的方法
绩效改进
课中实训
实训一
工作监控能力训练
任务1　知名企业某部门监控管理体系调研
任务2　创业公司某部门监控管理体系设计
实训二
控制技术与方法训练
任务1　目标管理法训练
任务2　创业公司目标定位
实训三
考核与评价能力训练
任务1　企业绩效考评调研
任务2　创业公司绩效考评方案设计
课后拓展
参观走访
管理辩论
管理游戏
管理技能测试

课前自学

一、控制职能概述

控制论是美国数学家诺伯特·维纳（Novert Wiener）在《控制论》一书中明确提出的。维纳认为，控制是为了改善某个或某些受控对象的功能或发展，需要获得并使用信息，以这种信息为基础而选出的、加于该对象上的作用。

作为管理的一项重要职能，所谓控制，就是指按照计划标准来衡量所取得的成果并纠正所发生的偏差，以保证计划目标的实现。

控制职能概述

（一）控制的目的

1. “纠偏”，即纠正偏差积累

有效的管理控制系统应当能够及时地获取偏差信息，采取矫正偏差的措施，以防止偏差的积累影响到组织目标的顺利实现。控制通过其“纠偏”功能，使计划执行中的偏差得以防止或缩小，从而确保组织的稳定运行。

2. “调适”，即适度调整计划

组织要构建有效的控制系统，帮助管理者预测和把握环境变化，并对这些变化带来的机会和威胁做出正确、有力的反应。控制通过其“调适”功能，积极调整原定的计划或标准，以确保组织对环境变化的适应性。

（二）控制的作用

控制可以说既是一个管理工作过程的终结，又是一个新的管理工作过程的开始。控制在管理中具有重要的作用。

（1）控制是完成计划的重要保障。

（2）控制是提高组织效率的有效手段。

（3）控制是管理创新的催化剂。

（4）控制是组织适应环境的重要保障。

（三）控制的类型

在管理控制中，按控制时点不同分类，控制可分为前馈控制、实时控制和反馈控制（图6-1）。

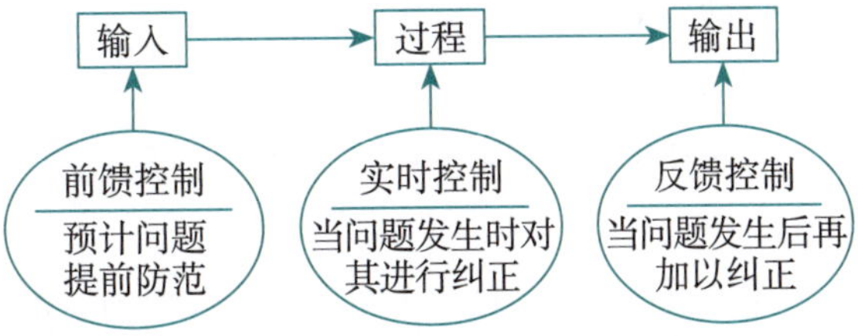

图6-1 控制类型

1. 前馈控制

前馈控制是指在工作开始前就对工作中可能产生的偏差进行预测和估计，并采取防范措施，将可能

的偏差消除于产生之前的控制方式。

优点：

（1）前馈控制是在工作开始之前进行的控制，能够防患于未然，避免了反馈控制对于已发生的损失无能为力的弊端。

（2）前馈控制是针对某项计划行动所依赖的条件进行控制，不针对具体的人员，因而不易造成面对面的冲突，易于被员工接受并付诸实施。

缺点：

前馈控制需要及时准确的信息，要求管理人员能充分了解事前控制因素与计划工作的影响关系，但从实际工作来看，要做到这些是十分困难的。

2. 实时控制

实时控制也称“事中控制”“现场控制”“同步控制”，是指计划执行过程中所实施的控制，即通过对计划执行过程的直接检查和监督，随时纠正实际与计划的偏差。

优点：

（1）具有指导职能，可以指导下属以正确的方法进行工作。

（2）具有监督职能。通过现场实时检查，可以使管理者随时发现下属在活动中与计划要求相偏离的现象。

缺点：

（1）实时控制的效率受管理者的时间、精力、业务水平等的制约，只能在关键时间、关键项目上实施，而不能事事俱到。

（2）应用范围较窄，一些工作无法运用实时控制。

（3）容易在控制者与被控制者之间形成对立情绪，给工作者造成心理压力，影响工作者的积极性和主动性。

3. 反馈控制

反馈控制，也称“事后控制”，是指从已经执行的计划或已经产生的事件中获得信息，将它与控制标准相比较，发现偏差并分析原因，用于指导、纠正的活动。

优点：

反馈控制的作用发生在行为之后，把注意力集中在行动的结果上，并以此作为改进下次行动的依据，即“吃一堑，长一智”。

缺点：

只能在事后发挥作用，对已经发生的对组织可能的危害却无能为力，作用类似于“亡羊补牢”。

在反馈控制中，偏差发生和发现并得到纠正之间有较长一段时滞，这也必然会对偏差纠正的效果产生很大的影响。

（四）控制的内容

控制的内容也就是控制的对象。美国管理学家斯蒂芬·罗宾斯（Stephen P. Robbins）将控制的内容归纳为对人员、财务、作业、信息和绩效五个方面的控制。

（1）人员控制。

①实时的绩效反馈；②纪律处罚。

（2）财务控制。获取利润，维持企业的正常运作。

（3）作业控制。常见有采购控制、生产控制、质量控制和库存控制等。

（4）信息控制。对信息的控制就是要建立一个管理信息系统，使它能及时地为管理者提供充分、可靠的信息。

（5）绩效控制。组织绩效是组织高层管理者的控制对象，组织目标的实现与否都从这里反映出来。

（五）控制系统

组织中的控制活动是通过组织的控制系统来完成的。所谓控制系统是指使施控者和受控者处于稳定状态的元素有机结合而成的集合。

（1）控制目标体系。

（2）控制主体。

（3）控制对象。

（4）控制方法和手段。

（5）施控作用过程和反馈作用过程。

二、控制的过程

（一）确定控制标准

1. 控制标准的分类与要求

在实际的管理过程中，控制标准多种多样，大致有以下几种：

①定量控制标准与定性控制标准；②实物标准与价值（财务）标准；③绝对量标准与相对量标准。

有效控制标准要达到以下要求：

①简明适用；②综合协调；③可行且易操作；④相对稳定；⑤前瞻性。

2. 制定控制标准的步骤

（1）确定控制对象。影响企业在一定时期经营成果的主要因素有：①环境的因素；②资源的投入；③组织的活动。

（2）选择关键控制点。关键控制点有以下几个：

①影响整个工作运行过程的重要操作与事项。

②能在重大损失出现之前显示出差异的事项。

③若干能反映组织主要绩效水平的时间与空间分布均衡的控制点。

3. 制定控制标准

①统计分析法；②经验估计法；③工程标准法。

（二）衡量绩效

1. 如何衡量

①个人观察；②统计报告；③口头汇报；④书面报告。

2. 衡量什么

衡量什么是比如何衡量更为关键的一个问题。如果错误地选择了标准，将会导致严重的不良后果。

（三）纠正偏差

1. 分析偏差产生的原因

偏差可能是由不同的原因造成的。对造成偏差的原因进行正确的分析，是采取措施的依据。

2. 纠正偏差

根据偏差产生的不同原因，采取不同的纠正措施。

如果偏差是由于绩效不足所产生的，管理者就应该采取纠正措施。

这种措施的具体方式可以是：管理策略的调整、组织结构的完善、及时进行补救、加强人员培训以及进行人事调整等。

3. 修订标准

不合理的标准也可以造成工作的偏差。指标有时会定得太高或太低，原有的标准随着时间的推移可能不适应新的情况。这时就需要调整标准。

（四）控制过程的行为反应

1. 对控制的不良反应

（1）被管理者往往把控制看成是一种外来压力，并把抵制作为对由于控制而产生的压力的反应。

（2）由于受到控制，被管理者往往产生漠然处之、反感，甚至敌视和愤恨的态度。

（3）这些态度反映到行为上，表现为缺乏进取精神，消极怠工，直至骚乱和公开反抗。

2. 抵制的原因分析

（1）标准太高。

①可能是出于利益上的考虑，认为组织的目标过高。

②可能是由于不理解，从而发生误解，使被管理者认为这一标准不合理或太严。

③标准是管理层单方制定的，认为标准本身就是一种束缚其思想行动的东西。

（2）测定不准确。

①可能是人为方法不当，不能全面、准确地测定实际工作成效。

②认为测定者的态度不端正，过多地看问题，而对成绩评价不足。

③测定中只注意成果，而完全忽视了被管理者的主观努力。

（3）厌恶纠正措施。

①纠正偏差，意味着对原有某些劳动的否定，被管理者将付出更多的劳动，这将引起他们的抵制。

②在被管理者看来，纠正行动或多或少要指向个人，是对直接责任者个人的成效或水平的否定，并将之暴露于众，从而引起心理上的反感。

③纠正行动很可能是使被管理者去干他们不愿干的事。

（4）管理态度不当。管理者的施控态度，对被管理者来说是一个很敏感的问题。

3. 控制过程的行为管理

（1）正确的管理态度。

（2）科学的控制手段。

（3）下放控制权。

（4）建立工作保证体系。

三、控制技术与方法

（一）预算控制

控制的技术与方法

所谓预算，就是用数字编制未来某一时期的综合计划，也就是用财务数字（如费用、收入及资金等）或非财务数字（如材料、实物销售量和生产量等）来表明预期的结果。

1. 预算的作用

预算通过财务形式把计划分解落实到组织的各层次和各部门中去，管理者以此为基础进行人员的委派和任务的分配，协调和指挥组织的活动并在适当的时间将组织的活动结果和预算进行比较。预算可使组织的成员明确自己及本部门的任务和权责，更好地发挥作用。

2. 预算的种类

（1）收支预算。收支预算是从财务角度计划和预测未来活动的成果，以及为取得这些成果要付出的费用。它实际上是以货币来表示组织的收入和经营费用支出的计划。收支预算包括收入预算和支出预算。

（2）资本支出预算。

（3）现金预算。现金预算是对未来生产与销售活动中现金的流入与流出进行预测。

（4）资产负债预算。资产负债预算是对企业会计年度末期的财务状况进行预算，是各部门各项目分预算的汇总。

（5）总预算。总预算是以组织整体为范围，涉及组织收入或者支出项目总额的预算。

3. 现代预算方法——零基预算

零基预算是指不考虑过去的预算项目和收支水平，以零为基点编制的预算。零基预算的基本特征是不受以往预算安排和预算执行情况的影响，一切预算收支都建立在成本效益分析的基础上，根据需要和可能来编制预算。

4. 预算的局限性及其对策

（1）缺乏灵活性。

（2）导致控制过细倾向。

（3）可能导致效能低下。

（4）导致本位主义倾向。

（5）部门的预算目标有时会取代组织目标。

5. 有效预算控制的要求

（1）高层管理部门的支持和参与。

（2）确定各种标准。

（3）及时掌握信息。

（二）非预算控制

非预算控制主要有审计控制、损益控制、经营分析、网络分析以及目标管理等。还有一些比较简单而常用的控制方法，如现场亲自观察、统计数据资料、鉴定式评价等。

1. 审计控制

审计是对反映资金运动过程及其结果的会计凭证、会计账簿、会计报表以及其他有关的资料和资产进行审核鉴定，以判断真实性和可靠性，从而为控制和决策提供依据。

（1）审计的分类。审计控制的主要内容包括财务审计与管理审计。

（2）审计的原则。

①法制原则；②独立原则；③客观原则；④公正原则。

2. 损益控制

损益控制是根据企业或部门损益表的分析，对其管理活动及其成效进行控制的方法。损益控制主要通过损益平衡分析。

3. 经营分析

经营分析，就是以财务报表为依据来判断企业经营的好坏，并分析企业经营的长处和短处。财务报表分析主要有实际数字法和比率法两种。

4. 网络分析

网络分析就是应用网络图来反映一项计划中的任务、活动过程、工序、工期及费用的先后顺序或相互关系，通过计算确定出关键路径作为控制的重点，寻求最佳的控制方案。

5. 目标管理

目标管理由美国著名管理大师彼得·德鲁克在1954年首先提出，被认为是一种科学的管理方法。

目标管理是一种基本的管理技能，在本质上是控制。它通过划分组织目标与个人目标的方法，将许多关键的管理活动结合起来，实现全面有效地管理。

目标管理可分为制定目标、实现目标和检查评价三个阶段。

（1）目标管理的概念。所谓目标管理，是把目标作为管理手段，通过目标进行管理，以自我控制为主，注重工作成果的管理方法和制度。它与传统管理方式相比有鲜明的特点，可概括为以下几个方面：

①目标管理是参与管理的一种形式。

②强调“自我控制”。

③促使下放权力。

④注重成果第一的方针。

⑤强调目标的系统性。

（2）目标管理的实施程序。

①建立目标体系。

②实施目标。

③评价目标成果。

（3）目标管理的优缺点。

优点：

①目标管理可以提高管理水平。

②目标管理有助于克服组织中的许多问题。

③目标管理有助于控制。

缺点：

①明确的目标不易确定。

②重视了结果但忽视了过程。

③目标管理强调的是短期目标。

④目标管理是耗时耗资很多的工作。

四、绩效考评

1. 绩效考评的含义

绩效考评是指组织按照员工所在岗位的绩效标准，定期对员工的工作行为、工作结果、工作能力、发展潜能及工作态度等进行考查和评估。对绩效进行科学的分析评价是控制的关键内容，具有重要的意义。组织在进行员工考核时应该从以下4个方面加以考虑：

（1）德。包括员工的思想政治、工作作风、社会道德及职业道德水平等方面。

（2）能。是指员工从事工作的能力，包括员工的体能、学识、智能等内容。

（3）勤。是指员工的积极性和工作中的表现，包括员工的出勤、纪律性、干劲、责任心、主动性等。

（4）绩。是指员工的工作效率及效果，包括员工完成工作的数量、质量、成本费用及为组织做出的其他贡献。

2. 绩效考评的程序

（1）确定考核周期。依据企业经营管理的实际情况（包括管理形态、市场周期、销售周期和生产周期），确定合适的考核周期。每个周期进行一次例行的重点工作绩效考核。对需要跨周期才可能完成的工作，也应列入工作计划进行考核。

（2）编制工作计划。按照考核周期，考核对象的职能部门、业务机构和工作责任人于周期期初编制所在部门或岗位的工作计划，对纳入考核的重点工作内容进行简要描述。每项重点工作都要明确设置工作完成的时间指标和质量指标。

（3）校正量、效化指标。绩效考核强调对重点工作的开展和完成必须设置量、效化指标，量化指标是数据指标，效化指标是成效指标。重点工作的量、效化指标，反映了重点工作的效率要求和价值预期。

（4）调控考核过程。在管理运转中存在并发生着不确定性因素，容易造成工作变数，考核也是如此。当工作的变化、进展和预置的计划发生冲突时，首先应该对变化的事物进行分析，准确识别变化的原因和走向，然后对工作计划和考核指标做出及时、适当的调整。

（5）验收工作成效。每个周期期末，在设定的时间内，考核执行人依据预置或调整的周期工作计划，对考核对象的重点工作完成情况进行成效验收。按照每项工作设置的量、效化指标和考核分值，逐项核实工作成效，逐项评分记分，累计计算考核对象该考核周期重点工作完成情况的实际得分，并就工作的绩效改进做出点评。

（6）考核结果运用。考核的目的是改进绩效、推进工作、提高效率。考核对象重点工作完成情况的实际得分即为考核结果。如何运用考核结果会直接影响考核的激励作用。要切实结合企业管理资源的实际情况，充分考虑企业文化的负载能力，在这个基础上选择和确定考核结果的运用方式。

3. 绩效考评的方法

（1）实测法。即通过各种项目实际测量进行考核的方法。例如，对员工进行生产技术技能的考评，常采用由员工现场作业，通过对其实际测量，测定、考评能力。

（2）成绩记录法。即将取得的各项成绩记录下来，以最后累计的结果进行评价的方法。这是一种日常的、连续的、客观记录事实的方法。这种方法主要适用于能进行日常连续记录的生产经营活动或者其他职能工作，如记录生产的数量、质量和进度等。

（3）配对比较法。这是一种相对考核的方法，其基本步骤为：第一步，确定考评的具体项目，如工作效率、工作数量、协调能力、规划能力等；第二步，将工作性质相同的、同等级的管理人员编为一组；第三步，按规定的项目，将每位管理人员与同组的其他人员进行比较，评出其中的“优秀”和“劣者”；第四步，计算每个人的优胜次数，并按次数的多少排出名次。当被考评的人数较多时，使用这种方法就比较困难。

（4）评分表法。这是一种古老也常用的绩效考核方法。首先，列出一系列与工作要求和绩效有关的因素，如职务知识、工作数量、工作质量、创造性等，并对这些因素按重要程度不同分配相应的权重。其次，确定考核标准，即针对每一个考核项目，划分不同的档次，并确定每个档次的具体考核标准。一般情况下，考核标准分为5档，如优秀、良好、满意、尚可、不满意。再次，根据被考核者的工作表现，逐一对表中的因素评分，通常采用5分制。最后，将各项得分进行汇总，得出某个管理人员的总分。该方法适合于对管理人员的综合考核。

4. 绩效改进

绩效改进是指确认工作绩效的不足和差距，查明产生的原因，制订并实施有针对性的改进计划和策略，不断提高竞争优势的过程，即指采取一系列行动提高员工的能力和绩效。绩效改进从以下几个方面进行：

（1）制订改进计划。在正确绩效评价的基础上，要制订科学可行的绩效改进计划，用以指导和推进下一阶段的工作。

（2）指导与建议。当出现偏差时，管理者可及时进行指导，或提出解决问题、改进工作的建议，帮助控制对象（员工或下级）纠正偏差。

（3）纠正偏差。当发现偏差时，需要采取科学合理有效的手段纠正偏差，有时需要管理者直接进行纠正。

（4）沟通与激励。在评价后，特别是提出改进建议时，必须进行面对面的交谈，同员工进行深入的沟通。沟通过程中注意运用各种有效方式进行激励，鼓舞士气，真正把绩效评价转化为巨大的激发力量。

（5）建设改进与提高机制。通过改进计划，改革相关的运行机制、动力机制，健全各种程序与规范，加强精细化管理，解决存在缺陷的细节问题，全面提高工作绩效。

自学测试

一、单选题

1. 控制最基本的目的在于（　　）。
   A．寻找错误　B．衡量雇员绩效
   C．确保行为依循计划发展　D．使人们失去自由
2. 控制过程的首要环节是（　　）。
   A．发现问题　B．分析原因　C．衡量成效　D．确定标准
3. 在营业面积不超过10平方米的小商店安装大型的先进的电子监控系统被认为是不合适的，因为它违反了控制的（　　）。
   A．灵活性原则　B．时效性原则　C．经济性原则　D．准确性原则
4. 在下列情形下，组织通常采用非正式的控制（　　）。
   A．活动的重要性低　B．活动的重要性高
   C．组织文化的威胁性高　D．组织规模较大
5. 现场控制工作的重点是（　　）。
   A．把注意力集中在历史结果上　B．正在进行的计划实施过程
   C．在计划执行过程的输入环节上　D．控制行动的结果

二、多选题

1. 关于控制和计划的关系，下列说法正确的是（　　）。
   A．控制和计划是一个问题的两个方面　B．计划是控制的前提
   C．控制是计划实现的保证　D．先有控制后有计划
   E．以上各项均正确
2. 管理控制的必要性主要是由（　　）决定的。
   A．提高企业部门和员工的绩效
   B．组织结构的必然要求
   C．企业面临的外部环境不断发生的变化
   D．任何企业的管理权限都制度化或非制度化地分散在各个管理部门和层次
   E．不同组织成员的认识能力和工作能力存在差异
3. 控制理论的基本原理是（　　）。
   A．可以通过对系统的调节来纠正系统输出与标准值之间的偏差，从而实现对系统的控制

B．在企业生产经营活动开始之前就对系统进行控制

C．任何系统都是由因果关系链联结在一起的元素的集合

D．为了控制耦合系统的运行，必须确定系统的控制标准

E．以上各项均正确

4．控制工作的重要内容包括（　　）。

A．确立标准　　B．制订计划　　C．衡量绩效

D．避免偏差　　E．纠正偏差

5．下面关于有效控制的说法正确的是（　　）。

A．纠正偏差的最理想方法应该是在偏差未产生以前就注意到偏差产生的可能性，从而预先采取必要的防范措施，防止偏差的产生

B．全面系统的控制不仅代价极高，而且也是不必要的

C．判断控制程度或频度是否适当的标准，通常要随活动性质、管理层次以及下属受培训程度等因素而变化。

D．一项控制，只有当它带来的收益超出其所需成本时，才是值得的

E．有效的控制必须是客观的、符合企业实际的

三、判断题

1．目标管理是一种参与的、民主的、自我控制的管理制度。（　　）

2．从经济性的角度考虑，控制系统越复杂越好，控制力越大越好。（　　）

3．衡量实际工作要在工作完成后才能进行。（　　）

4．反馈控制虽然获得信息时损失已经造成了，但由于它对员工工作绩效进行了评价，因而有利于强化和激励员工的行为。（　　）

5．控制工作力度越大、越严格，越能保证计划的实施。（　　）

四、简答题

1．控制的过程包括哪些步骤？常用的拟定标准的方法有哪些？

2．有效控制的原则和要求是什么？

3．非预算控制有哪些类型？

4．绩效考核的方法有哪些？如何改进绩效？

5．你的人生目标是什么？如何运用目标管理法构建人生目标体系？

课中实训

实训一　工作监控能力训练

任务1　知名企业某部门监控管理体系调研

任务描述：各个小组选择一个行业，在行业内选择一家知名企业，选择这个企业中的某个部门，调研该部门的监控管理体系。请将研究成果做成展示PPT，并将要点记录在表6-1中。

表6-1　知名企业部门监控管理体系调研

研究项目	研究结果
经营范围	
监控体系	
关键控制点	
运用控制技术及方法	

任务2　创业公司某部门监控管理体系设计

任务描述：以小组为单位，选择某个行业，组建创业公司，各组员针对创业公司不同的部门设计监控管理体系。请将研究成果做成展示PPT，并将要点记录在表6-2中。

表6-2　部门监控管理体系设计

研究项目	研究结果
主营业务	
监控体系	
关键控制点	
运用控制技术及方法	

训练效果评价

考核评价内容如表6-3所示。

表6-3 监控管理能力考核评价表

内容		评价	
学习目标	评价内容	个人评价（5、4、3、2、1）	小组评价（5、4、3、2、1）
应知应会知识	控制定义		
	控制原则		
	控制过程		
	控制的方法		
专业能力	区分控制类型		
	掌握控制方法		
	分析控制的一般过程		
	学会纠正偏差的方法		
通用能力	培养信息收集处理能力		
	培养科学纠偏的能力		
态度	实现有效控制意识		
努力方向：		建议：	

实训二 控制技术与方法训练

任务1 目标管理法训练

任务描述：运用目标管理法定位自己的人生目标，目标不限于表6-4列举。请将研究成果做成展示PPT，并将要点记录在表6-4中。

表6-4 人生目标定位

序号	目标	3年后	5年后	8年后	10年后	20年后	梦想
1	薪水						
2	职位						
3	主管人数						
4	存款						

续表

序号	目标	3 年后	5 年后	8 年后	10 年后	20 年后	梦想
5	资产						
6	学历						
7	住房						
8	交通						
9	旅游						
10	作品						
11	奖项						
12	社交						
13	社会名声						
14	家庭						
15	业务						
16							
17							
18							
19							
20							

任务2　创业公司目标定位

任务描述：运用目标管理法，分层级构建创业公司目标体系。请将研究成果做成展示PPT，并将要点记录在表6-5中。

表6-5　创业公司目标体系

研究项目	研究结果
经营范围	
一级目标指标构成	
二级目标指标构成	
三级目标指标构成	
画出目标体系图	

训练效果评价

考核评价内容如表6-6所示。

表6-6 确定目标能力考核评价表

内容		评价	
学习目标	评价内容	个人评价（5、4、3、2、1）	小组评价（5、4、3、2、1）
应知应会知识	解释目标的作用		
	陈述 SMART 原则		
	掌握目标制定的步骤		
专业能力	运用目标管理开展工作的能力		
	学会制定目标的能力		
通用能力	目标管理能力		
	创新能力		
态度	制定科学合理目标		
努力方向：		建议：	

实训三 考核与评价能力训练

任务1 企业绩效考评调研

任务描述：各个小组选择一个行业，在行业内选择某一企业，每个组员选择这家企业中的某一部门，调研该部门的绩效考评指标体系。请将研究成果做成展示PPT，并将要点记录在表6-7中。

表6-7 企业绩效考评调研

研究项目	研究结果
公司名称	
经营范围	
部门名称	
绩效考评指标体系	
绩效考评的程序	
绩效考评的方法	
绩效改进措施	

任务2　创业公司绩效考评方案设计

任务描述：以小组为单位，选择某个行业，组建创业公司，各组员针对创业公司不同的部门设计绩效考评体系。请将研究成果做成展示PPT，并将要点记录在表6-8中。最后各小组汇总形成整个创业公司的绩效考评方案。

表6-8　创业公司部门绩效考评体系设计

研究项目	研究结果
创业公司名称	
经营范围	
部门名称	
绩效考评指标体系	
绩效考评的程序	
绩效考评的方法	
总公司绩效考评方案	

训练效果评价

考核评价内容如表6-9所示。

表6-9　绩效考评能力考核评价表

内容		评价	
学习目标	评价内容	个人评价（5、4、3、2、1）	小组评价（5、4、3、2、1）
应知应会知识	绩效考评的内容		
	绩效考评的程序		
	绩效考评的方法		
	绩效改进措施		
专业能力	科学选择绩效考评方法		
	制定绩效考评方案		
通用能力	培养信息收集处理能力		
	科学设计考核指标		
态度	公平公正考核		
努力方向：		建议：	

复盘反思

1. 知识盘点：通过控制与评价模块的学习，你掌握了哪些知识点？请画出思维导图。

2. 方法反思：完成本模块学习和实训的过程中，你学会了哪些分析和解决问题的方法？

3. 行动影响：在完成本模块学习和实训的过程中，你认为自己还有哪些地方需要改进？

实训模块评价

技能点评价

使用说明：

按技能点评价指标评定成绩，满分为100分。其中，各训练任务中技能点为60分，展示陈述为40分。教师评价占比为60%，学生互评占比为40%。

技能点评价指标		分值	得分
控制与评价能力	知名企业监控管理体系调研分析客观性	10	
	知名企业管理监控技术调研客观性	10	
	创业公司部门监控管理体系设计科学性	10	
	个人目标管理前瞻性	10	
	创业公司目标定位科学性	10	
	创业公司绩效考评方案设计可行性	10	
展示陈述	专业知识综合运用程度	10	
	视听觉辅助工具使用程度	10	
	团队合作	5	
	语言技巧	5	
	非语言技巧	5	
	时间分配	5	
合计得分			

素质点评价

使用说明：

按素质点评价指标评定成绩，按优秀为5分、良好为4分、一般为3分、合格为2分、不合格为1分五个等级评价，分为学生自评与小组成员互评。

素质点评价指标		得分	平均分
自评	团队合作精神和协作能力：能与小组成员合作完成项目		
	交流沟通能力：能良好表达自己的观点，善于倾听他人的观点		
	信息素养和学习能力：善于搜集并借鉴有用资讯和好的思路想法		
	独立思考和创新能力：能提出新的想法、建议和策略		

续表

素质点评价指标		得分	平均分
组员 1	团队合作精神和协作能力：能与小组成员合作完成项目		
	交流沟通能力：能良好表达自己的观点，善于倾听他人的观点		
	信息素养和学习能力：善于搜集并借鉴有用资讯和好的思路想法		
	独立思考和创新能力：能提出新的想法、建议和策略		
组员 2	团队合作精神和协作能力：能与小组成员合作完成项目		
	交流沟通能力：能良好表达自己的观点，善于倾听他人的观点		
	信息素养和学习能力：善于搜集并借鉴有用资讯和好的思路想法		
	独立思考和创新能力：能提出新的想法、建议和策略		
组员 3	团队合作精神和协作能力：能与小组成员合作完成项目		
	交流沟通能力：能良好表达自己的观点，善于倾听他人的观点		
	信息素养和学习能力：善于搜集并借鉴有用资讯和好的思路想法		
	独立思考和创新能力：能提出新的想法、建议和策略		
组员 4	团队合作精神和协作能力：能与小组成员合作完成项目		
	交流沟通能力：能良好表达自己的观点，善于倾听他人的观点		
	信息素养和学习能力：善于搜集并借鉴有用资讯和好的思路想法		
	独立思考和创新能力：能提出新的想法、建议和策略		
组员 5	团队合作精神和协作能力：能与小组成员合作完成项目		
	交流沟通能力：能良好表达自己的观点，善于倾听他人的观点		
	信息素养和学习能力：善于搜集并借鉴有用资讯和好的思路想法		
	独立思考和创新能力：能提出新的想法、建议和策略		
总评得分			

课后拓展

参观走访

训练项目 中小企业目标管理方案调查

【实训目标】

1. 增强对目标管理的感性认识。
2. 掌握目标管理的实施要领。

【实训内容与方法】

1. 以小组为单位，选择1～2个中小企业进行调查与访问。

2. 在调查访问之前，每个小组需要根据所学知识，并经过讨论制定调查访问的提纲，包括调研的主要问题与具体安排。具体内容可参考下列问题：

（1）调查企业目标体系的构成状况。

（2）企业目标的分类，每个小组重点访问其中一类目标。

（3）对某一目标的各级子目标进行调查与分析。

（4）该类目标是怎么层层落实工作措施的？

（5）该企业中有哪些你感兴趣的管理机制？请作简要分析。

3. 调查访问结束后，组织一次课堂交流与讨论。

【标准与评估】

1. 标准：必须到真实企业中做实地调查，并能运用目标管理体系进行分析。

2. 评估：（1）每人写一份简要的调查访问报告。（2）以小组为单位，分别由小组负责人根据每个成员在调研中的表现进行评估打分。（3）对各小组的调查报告及其成员在讨论中的表现分别评估打分。

管理辩论

题目　严格监督与自律

正方：从严管理，员工自律比企业监督更重要

反方：从严管理，企业监督比员工自律更重要

【实训目标】

1. 掌握控制的作用、内容和方法。

2. 培训学生自我控制的能力。

3. 学会目标管理、自我控制。

4. 锻炼口才和反应能力。

5. 锻炼团队的组织和协作能力。

【实训内容】

1. 论述控制基本理论的应用。

2. 论述控制在管理中的作用。

3. 探讨控制的方法与技巧。

4. 探讨自我控制的方法和要领。

【方法与要领】

1. 分正方与反方两组，全班可分为若干小组进行组合。

2. 每个小组推荐4名辩手并依次排序第一辩手、第二辩手、第三辩手、第四辩手，角色分工：1辩陈述观点、2辩3辩自由辩论、4辩总结观点。

3. 正方论述员工自律比企业监督更重要。

4. 反方论述企业监督比员工自律更重要。

5. 正反双方在辩论中，既要回答对方的提问，也要向对方提出疑难问题，要求对方解答。

6. 坚持理论与实践相结合，做到举例鲜明生动，正反双方都要形成书面辩论资料呈给老师或者评委。

【成绩测评】

由教师、学生或者邀请企业领导者评论辩论的结果。

管理游戏

管理小游戏：踏数字

【训练目的】

感受前馈控制和现场控制的重要性。

【材料用具】

彩色粉笔若干支、秒表。

【训练时间】

实训时间30分钟。

【规则程序】

（1）分组，6～8人一组。

（2）小组商讨如何快速且按规则踏数字。

（3）去活动场地，画正方形、起始线及写数字。

（4）比赛：秒表计时，每组所用时间从起始线起跑开始到踏完33个数字回到起始线为止。

（5）按1～33的顺序踏数字。

（6）在任意时点，正方形内只能出现一只脚。

（7）每人至少要踏4个数字。

教师任务：

（1）活动之前，选择空地。

（2）在黑板上演示活动：画正方形，在正方形内任意散落数字1，2，3，…，32，33。

（3）派3人画正方形和起始线，指定若干人写数字，尽量使每位同学都有任务。

（4）计时。

（5）发动其他组成员一起控制整个活动过程。若有违反规则的行为，则被淘汰出局。

【考核标准】

不违反规则且速度最快的小组获胜。

【问题讨论】

（1）该活动体现前馈控制和现场控制哪个更重要？

（2）不同控制类型适用于何种场景？

（3）你在团队中是观望者、倡议者、追随者还是领导者？

【个人感悟】

管理技能测试

测试1 你能控制自己的预算吗？

【测试要求】

大学读书期间，你至少应能掌管自己的财务。你的个人预算管理的好坏或许预示着你将来在工作中管理公司预算的能力。按照下面的表述评估你的预算习惯。如果下面的表述对你不适用，那么在类似的环境中你的行事方式是什么？

1. 钱一到手我就花光。
2. 每周（月、学期）初，我列出全部的固定支出。
3. 每周（月）末，我好像总是手头拮据。
4. 我能支付所有的花销，但没有钱用于娱乐。
5. 我现在还存不下钱，毕业以后再说吧。
6. 我背负着一些债务。
7. 我有一张储蓄卡，每月总还能剩点钱。
8. 我用信用卡透支消费。
9. 每周吃饭、看电影及其他娱乐要花多少钱，我心中有数。
10. 我只用现金付款。

11．买东西时，我追求物美价廉。

12．朋友需要时，我就会借钱给他们，即使这样做会使我的资金告急。

13．我从来不向朋友借钱。

14．我每个月存点钱，以备真正需要时用。

【测试结论】

如果对1、3、5、6、8、12题回答为“是”，说明你预算习惯非常糟糕；如果对2、4、7、9、10、11、13、14题回答为“是”，则说明你具有训练有素的预算习惯。

测试2 自我监控人格测试

【测试要求】

表6-10中每一个问题，在与你意愿最符合的选项上打“√”，然后加总你的分数。

表6-10 自我监控能力评估表

序号	测试描述	选项	
1	对我来说，模仿别人的行为是很难的	是	否
2	在社交场合，我并不试图说一些别人想听的话	是	否
3	我仅仅为我深信不疑的观念而争论	是	否
4	我能对一个我不熟悉的话题而进行即兴演讲	是	否
5	我猜我会伪装以迎合他人	是	否
6	我有可能成为一个好演员	是	否
7	在一群人中，我很少成为焦点人物	是	否
8	在不同的场合和面对不同的人，我也经常扮演不同的人	是	否
9	对于如何让别人喜欢我，我不是特别在行	是	否
10	我不总是我表现出来的那个人	是	否
11	我不会改变我的观点或做事的风格以讨别人喜欢	是	否
12	我想成为一个讨人喜欢的人	是	否
13	我从来不是一个即兴表演的好手	是	否
14	我很难改变我的行为去适应不同的人和不同的情景	是	否
15	在宴会上，我不会打断别人的笑话和故事	是	否
16	在公共场合，我会有些局促不安并且不能表现的像平常一样	是	否

续表

序号	测试描述	选项	
17	我能看着别人的眼睛不带任何表情的撒谎（假如是出于好意）	是	否
18	当我不喜欢一个人的时候，我可以很友好地欺骗他（她）	是	否
合计得分			

【测试结论】

评分标准如表6-11所示。

表6-11　自我监控人格评分标准

题号	1	2	3	4	5	6	7	8	9	10	11	12	13	14	15	16	17	18
是	0	0	0	1	1	1	0	1	0	1	0	1	0	0	0	0	1	1
否	1	1	1	0	0	0	1	0	1	0	1	0	1	1	1	1	0	0

得分越低，说明你是一个自我监控型人格，自律性比较强。

模块七　创新与创业能力训练

教学目标

知识目标

1. 了解创新的含义与特征。
2. 掌握管理创新的内容。
3. 掌握管理创新的流程。
4. 掌握创新思维的工具与方法。
5. 理解企业家创业精神。

能力目标

1. 能根据管理创新的知识对相关管理问题进行分析评价。
2. 培养创新意识和创新精神。
3. 能运用创新思维方法和工具解决管理问题。
4. 能够组建创新创业实践团队。

素质目标

1. 具有团队合作精神和协作能力，小组能够协调分工完成任务。
2. 具备良好的交流沟通能力，能够有效表达观点并完成成果汇报展示。
3. 具有良好的信息素养和学习能力，能够运用正确的方法和技巧掌握新知识、新技能。
4. 具有独立思考和创新能力，能够掌握相关知识点并完成实训任务。

思政目标

1. 具有自主创新的意识，提升民族自信心、自豪感和凝聚力。
2. 弘扬改革创新精神，增强创新意识，争做新时代创新行动人才。
3. 开拓创新思维，敢于冒险、勇于挑战。
4. 具有创业精神，树立奋斗意识，具有实现民族复兴的理想和责任担当。

思维导图

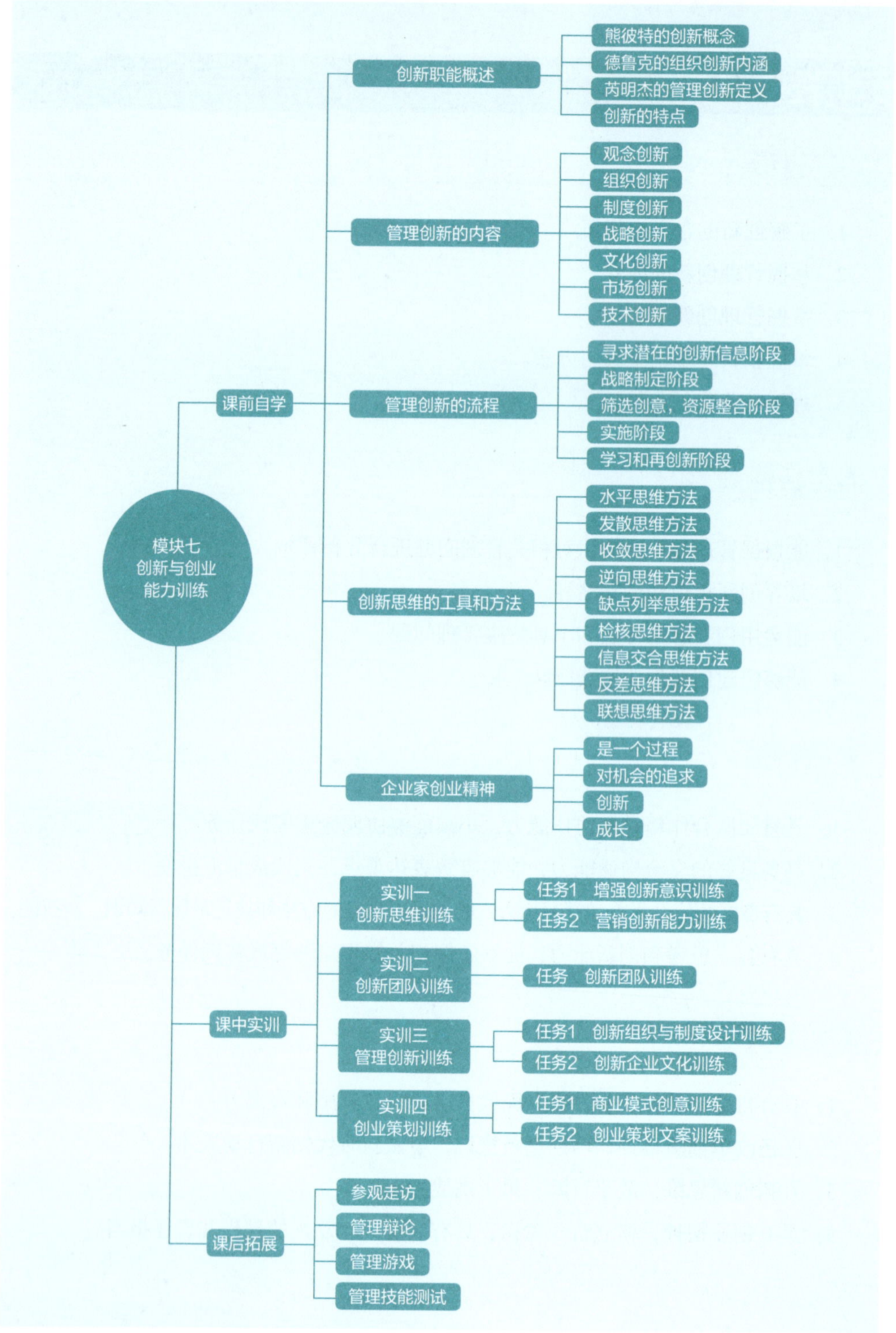
模块七
创新与创业
能力训练
课前自学
创新职能概述
熊彼特的创新概念
德鲁克的组织创新内涵
芮明杰的管理创新定义
创新的特点
管理创新的内容
观念创新
组织创新
制度创新
战略创新
文化创新
市场创新
技术创新
管理创新的流程
寻求潜在的创新信息阶段
战略制定阶段
筛选创意，资源整合阶段
实施阶段
学习和再创新阶段
创新思维的工具和方法
水平思维方法
发散思维方法
收敛思维方法
逆向思维方法
缺点列举思维方法
检核思维方法
信息交合思维方法
反差思维方法
联想思维方法
企业家创业精神
是一个过程
对机会的追求
创新
成长
课中实训
实训一
创新思维训练
任务1　增强创新意识训练
任务2　营销创新能力训练
实训二
创新团队训练
任务　创新团队训练
实训三
管理创新训练
任务1　创新组织与制度设计训练
任务2　创新企业文化训练
实训四
创业策划训练
任务1　商业模式创意训练
任务2　创业策划文案训练
课后拓展
参观走访
管理辩论
管理游戏
管理技能测试

课前自学

一、创新职能概述

（一）熊彼特的创新概念

“创新”是著名经济学家约瑟夫·熊彼特（Joseph A. Schumpeter）于1912年在《经济发展理论》一书中首次提出的。创新是指把一种新的生产要素和生产条件的“新结合”引入生产体系。它包括五种情况：

（1）生产一种新的产品。

（2）采用一种新的生产方法。

（3）开辟一个新的市场。

（4）掠取或控制原材料或半制成品的一种新的供应来源。

（5）实现任何一种工业的新组织，或打破一种垄断地位。

创新职能概述

（二）德鲁克的组织创新内涵

管理学家彼得·德鲁克指出：“企业管理不是一种官僚的行政工作，它必须是创新性的，而不是适应性的工作。”因此，创新组织必须注意以下几点：

（1）给顾客提供新的满足、新的价值，从而激起新的需求，创造新的顾客，开拓新的市场。

（2）创造资源，要赋予资源一种新的创造财富的能力。

（3）社会创新才具有广泛和深远的意义，努力构建创新型社会。

（4）开发利用变化。创新型企业家的任务是“创造性的破坏”。他们总是在寻找变化，应对变化，并把变化作为一个可开发利用的机会。

（三）芮明杰的管理创新定义

我国管理学者芮明杰认为，从管理的角度看，创新是创造一种新的更有效的资源整合范式，这种范式既可以是新的有效整合资源以达到企业目标和责任的全过程式管理，也可以是新的有效资源整合及目标制定等方面的细节管理。这一概念至少包含下列五种情况：

（1）提出一种新的经营思路并加以有效实施。

（2）创立一个新的组织机构并使之有效运转。

（3）提出一种新的管理方式方法。

（4）设计一种新的管理模式。

（5）进行一项制度的创新。

（四）创新的特点

①新颖性；②价值性；③风险性；④系统性；⑤独立性。

二、管理创新的内容

所谓管理创新，就是根据内部条件和外部环境的变化，不断创造出新的管理制度、新的管理方法、新的工艺方式和新的市场等，促使管理要素更加合理地结合运行，实现组织目标的过程。

（一）观念创新

观念创新就是创造和运用体现现代进步的新思想、新方法处理现实问题的过程。管理创新最基本的内容就是观念创新。观念创新的主要内容包括：

（1）研究市场、以变应变的观念。

（2）顾客第一、用户至上的观念。

（3）可借鉴的、具有时代特色的创新观念。

（4）重在参与、以人为本的观念。

（5）竞争、优胜劣汰的观念。

（6）战略制胜、追求卓越的观念。

（二）组织创新

组织创新是应用行为科学的知识和方法，把人的成长和发展希望与组织目标结合起来，通过调整和变革组织结构及管理方式，使其能够适应外部环境及组织内部条件的变化，从而提高组织活动效益的过程。组织创新的具体内容包括：

（1）职能结构的变革与创新。

（2）组织体制的变革与创新。

（3）机构设置的变革与创新。

（4）横向协调的变革与创新。

（5）运行机制的变革与创新。

（6）跨企业组织联系的变革与创新。

（三）制度创新

制度创新是指在人们现有的生产和生活环境条件下，通过创设新的、更能有效激励人们行为的制度、规范体系来实现社会的可持续发展和变革的创新。制度创新可以从以下几个方面入手：

（1）企业产权制度创新。

（2）人事制度创新。

（3）分配和激励制度创新。

（4）以市场为导向的过程管理制度创新。

（5）科学决策、制度化管理创新。

（6）质量管理制度创新。

（四）战略创新

战略是对组织长远发展的全局性谋划，事先确定企业内部环境要素，确定企业目标，保证目标的正确落实并使企业使命最终得以实现的一个动态过程。任何企业要想在激烈的竞争中取胜只有打破常规，进行战略创新。企业战略创新的程序与方法有：

（1）重新确定企业的使命。

（2）重新确定企业的顾客。

（3）重新确定企业的产品或服务。

（4）重新确定企业提供产品或服务的方法。

（5）从不同的角度思考战略问题。

（五）文化创新

企业文化创新是指为了使企业的发展与环境相匹配，根据自身的性质和特点形成体现企业共同价值观的企业文化，并不断创新和发展的活动过程。

（1）企业领导者应当加强自身修养，担当企业文化创新的领头人。

（2）企业文化创新与人力资源开发相结合。

（3）建立学习型组织。

（六）市场创新

企业市场创新是指企业从微观的角度促进市场构成的变动和市场机制的创造以及伴随新产品的开发对新市场的开拓、占领，从而满足新需求的行为。它具体包括以下内容。

1. 开拓新市场

（1）开拓地域意义上的新市场。它包括老产品进入新市场，如由国内向海外拓展，由城市向农村拓展，也包括新产品进入新市场。

（2）开拓需求意义上的新市场。当现有的产品和服务都不能很好地满足潜在需求时，企业以新产品满足市场消费者已有的需求欲望。例如，向农户推销廉价的、功能较少的彩电；向工薪阶层推销低价位汽车等。

（3）开拓产品意义上的新市场。将市场上原有的产品，通过创新变为在价格、质量、性能等方面具有不同档次、不同特色的产品，可以满足或创造不同消费层次、不同消费群体需求。

2. 创造市场新组合

市场创新是市场各要素之间的新组合，它既包括产品创新和市场领域的创新，也包括营销手段的创新，还包括营销观念的创新。靠产品和服务的差别性取胜，致力于市场创造，即提出新的产品概念，建立新的标准和市场秩序。市场重新组合是从微观角度促进已有市场的重新组合和调整，建立一种更合理的市场结构，赋予企业以新的竞争优势和增值能力，这就是市场创新的宗旨所在。

（七）技术创新

技术创新是指能够使产品生产或服务或产品自身的技术发生变化的创新。技术创新主要表现在：

（1）要素创新。要素创新包括材料创新、设备创新和人事创新等。

（2）要素组合创新。要素组合创新包括生产工艺和生产过程的时空组织两个方面。

（3）产品创新。产品创新是企业技术创新的核心内容，包括产品品种和结构的创新。产品创新受制于技术创新的其他方面，往往需要企业率先进行要素和要素组合创新。

三、管理创新的流程

（一）寻求潜在的创新信息阶段

就组织外部而言，有可能成为创新契机的变化主要有以下四个方面：

（1）技术的变化。

（2）人口的变化。

（3）宏观经济环境的变化。

（4）文化与价值观念的转变。

就组织内部而言，引发创新的不协调现象主要有两种：

（1）经营中的“瓶颈”。

（2）组织意外的成功和失败。

（二）战略制定阶段

当组织观察到不协调的现象，寻找到创新的突破点和机会后，还要运用前文列举的各种创新思维方法，消除不协调，使企业在更高层次实现新的平衡。

（三）筛选创意，资源整合阶段

创意是由组织中的人或与组织有关的人所产生的，能够产生一些好的创意绝不是容易的事，它受人的素质、能力等各种因素的影响和制约。

产生了许多创意之后，需要根据组织的现实状况、外部环境的状况对这些创意进行筛选，看看其中哪些有实际操作意义。进行创意筛选的人员要有丰富的管理经验、极好的创造性潜能以及敏锐的分析判断能力。

（四）实施阶段

选择后的创意要经过一系列具体的操作方案，变为一项确实有助于组织资源配置的管理范式。创意的验证实施是整个管理过程中非常重要的阶段，许多好的创意往往由于找不到合适的具体操作方案，导致最终无法成为创新。因此，将创意转化为具体的操作方案并实施，是管理创新的困难所在，也是管理创新成功的要求。

（五）学习和再创新阶段

管理创新的成果之一是为下一轮创新循环提供新的动力。如果前一轮的产品或工艺创新失败，将使公司积累有价值的信息，从而找到改进的方向。再创新是建立在原有成功创新基础之上的，企业可以通过修正和重新定义产品特性而展开再创新。研究表明，如果基础设计足够“强大”的话，公司有可能在原来创新的基础上展开长期持续的再创新。

四、创新思维的工具和方法

（一）水平思维方法

所谓水平思维，是指突破问题的结构范围，从其他领域的事物、事实中得到启示而产生新设想的思维方式。水平思维由于改变了解决问题的一般思路，试图从别的方面、方向入手，其广度大大增加。

小故事：

1984年美国商人彼得·尤伯罗斯因个人承办奥运会，一夜成名。他运用全新的观念以商业运作手段一举改写了国际上承办奥运会的城市不堪重负的历史，不仅使当届奥运会扭亏为盈，而且大为获利。

人们非常感兴趣尤伯罗斯是怎样盈利的？被大众津津乐道的不过是出售电视转播权。其实，尤伯罗斯有着一揽子的商业策划：论“节流”，他不像前几届奥运会那样花巨资新建大批体育馆，而是尽可能地利用洛杉矶已有的运动场所；他也没有提供各国运动员下榻的豪华奥运村，仅利用了该市三所大学生宿舍；必须新建一个游泳池，尤伯罗斯就以允许在指定场地营业和做广告为条件，说服了当地的麦当劳出资400万美元；必须新建一个自行车赛场，他又以相同条件将这一任务交给了当地的7-11便利店。论“开源”，他大刀阔斧。他慎重地选择了30家奥运会赞助商出资1.17亿美元；他找来了50家供应商，从杂货店到废品处理公司为奥运会提供商业服务，一应俱全，供应商们每天至少得捐助400万美元；他让美国的三大电视网相互争夺奥运会的独家播映权，采取只出一次价的竞标方法，最终美国广播公司花了2.75亿美元才拿下播映权；当柯达公司认为奥运会理应购买它的照相器材而又埋怨400万美元的赞助费太昂贵时，尤伯罗斯果断地将这一权利出售给了日本富士公司；他还别出心裁地设计了出售火炬传递接力权，全程15 000千米，每千米3 000美元。对于不少有实力的美国人来说，何不为跑上这1千米留下永久的记忆？他的另一高招，是把这届奥运会的标志山鹰也作为一种商标专利广泛出售。正是这些新举措，才使得洛杉矶奥运会盈利竟高达2.36亿美元！从此以后，积极申办奥运会的国家和城市越来越多，电视转播权、TOP赞助计划、火炬传递等创新方法也沿用至今。

导读：

水平思维不是过多地考虑事物的确定性，而是考虑它多种选择的可能性；关心的不是修补旧观点，而是如何提出新观点；不是一味地追求正确性，而是追求丰富性。

（二）发散思维方法

发散思维亦称扩散思维，是指从已有的信息出发，尽可能地向各个方向扩展，求得多种不同的解决方法，衍生出各种不同的结果。发散思维是多向的、立体的和开放型的思维。这种思路好比自行车车轮一样，许多辐条以车轴为中心沿径向外辐射。它可以使人思路活跃、思维敏捷，办法多且新，能提出大量可供选择的方案、办法或建议，特别能提出一些别出心裁、完全出乎意料的新鲜见解，使问题奇迹般地得到解决。因此，发散思维在创新中往往有举足轻重的作用。

小故事：

有四个营销员接受任务，到庙里推销梳子，第一个营销员空手而归，说到了庙里，和尚说没头发不需要梳子，所以一把都没有卖掉。第二个营销员回来了，销了十多把，他介绍经验说："我告诉和尚，头发要经常梳梳，不仅止痒，头不痒也要梳，用以活络血脉、有益健康。念经念累了，梳梳头，头脑清醒。这样就销掉了十来把。"第三个营销员销了百十把。他说："我到庙里去，跟老和尚说，您看这些香客多虔诚呀，在那里烧香磕头，磕了几个头起来头发就乱了，香灰也落在他们头上。您在每个庙堂的前堂放一些梳子，他们磕完头可以梳梳头发，会感到这个庙关心香客，下次还会再来。这一来就销掉百十把。"第四个营销员说销掉好几千把，而且还有订货。他说："我到庙里跟老和尚说，庙里经常接受人家的捐赠，得回报给人家，买梳子送给他们是最便宜的礼品。您在梳子上写上庙的名字，再写上三个字积善梳，说可以保佑对方，这样可以作为礼品储备在那里，谁来了就送，保证庙里香火更旺，这一下就销掉好几千把。"

导读：

给和尚卖梳子是一道产品营销的经典考题，不同的人，从不同的角度能够得到不同的感悟和启发。四个营销员思维的角度和灵活性清晰地展现在我们面前，但最终成功的是第四个营销员，因为他在没有市场的地方开发了广阔的市场。总之，创新思维是灵活的，创新路径是多样的，创新思维在解决同一个问题时不会拘泥于一种路径，而是从收敛的问题出发，让寻找答案的思维发散起来，这可以得到意想不到的结果。

（三）收敛思维方法

收敛思维也叫作聚合思维、求同思维、聚集思维或集中思维，是指在解决问题的过程中，尽可能利用已有的知识和经验，把众多的信息和解题的可能性逐步引导到条理化的逻辑序列中，最终得出一个合乎逻辑规范的结论。收敛思维也是创新思维的一种形式，与发散思维不同。发散思维是为了解决某个问题，从这一问题出发，想的办法、途径越多越好，总是追求还有没有更多的办法，而收敛思维也是为了解决某一问题，在众多的现象、线索、信息中，向着一个方向思考，根据已有的经验、知识或发散思维中针对解决问题的最好办法得出最好的结论和最好的解决办法。

小故事：

司马光砸缸救人的故事。

导读：

司马光砸缸是一个家喻户晓的故事，但其意义不仅在于道德教育，更告诉我们一种解决问题的思路。解决许多复杂问题的办法，往往极其简单，甚至是常识性的，只是因为人们不敢、不会这么去想。创新不是从复杂开始的，而是从省略开始的。创新思维在解决一个复杂的科学或现实问题时，会提炼出、抽象出主要矛盾，将其余的条件全部略去。将复杂问题简单化是一个积极的思维习惯，而简化得恰到好处是一个需要积累和训练的思维能力。

（四）逆向思维方法

逆向思维方法也叫求异思维、逆反思维，它是对司空见惯的似乎已成定论的事务或观点反过来思考的一种思维方式。敢于反其道而行之，让思维向对立面的方向发展，从问题的反面深入地进行探索，树立新思想，创立新形象。逆向思维是与正向思维相对而言的，即突破思维定式，从相反的方向思考，这样可以避免单一正向思维和单向度的认识过程的机械性，克服线性因果的简单化，从相反视角来看待和认识客体。这样往往别开生面、独具一格，常常导致独创性的发挥，取得突破性的成果。逆向思维常常被视为创新思维的主要表现之一。

小故事：

加里·沙克老人退休后，在学校附近买了一间简陋的房子。住下的前几个星期还很安静，不久有3个年轻人开始在附近踢垃圾桶玩。

老人受不了这些噪声，出去跟年轻人谈判。“你们玩得真开心。”他说，“我喜欢看你们玩得这样高兴。如果你们每天都来踢垃圾桶，我将每天给你们每人一元钱。”

3个年轻人很高兴，更加卖力地表演“足下功夫”。不料三天后，老人忧愁地说：“通货膨胀减少了我的收入，从明天起，只能给你们每人五毛钱了。”

年轻人显得不大开心，但还是接受了老人的条件。他们每天继续去踢垃圾桶。一周后，老人又对他们说：“最近没有收到养老金支票，对不起，每天只能给你们两毛了。”“两毛钱？”一个年轻人脸色发青，“我们才不会为了区区两毛钱浪费宝贵的时间在这里表演呢，不干了！”

从此以后，老人又过上了安静的日子。

导读：

创新思维绝不会钻牛角尖，只从单一角度考虑问题，当确认遇到暂时无法逾越的障碍，与之相对立的另一个角度往往就是解决问题的策略，随时处于不得已而为之，其实是转化矛盾，使矛盾逐渐趋于平和，最后彻底解决。

（五）缺点列举思维方法

缺点列举法是一种通过发散思维，发现和挖掘事物的缺点，并把它的缺点一一列举出来，然后再通过分析，找出其主要特点，据此提出克服缺点的课题或方案的创造性思维，其实质是鼓励人们寻找并抓住事物不方便、不合理、不美观、不实用、不省料、不安全、不省力、不耐用等各种缺点及不足，然后针对不足之处，有的放矢，发明创新，寻找解决问题的最佳方案。缺点列举思维并不以克服事物的缺点为目标，而是巧妙地利用事物的缺点，化弊端为利端，化腐朽为神奇。

小故事：

美国最大的胶片生产企业GAF公司的主管偶然看到一位盲人在编织毛衣，不用眼睛看，毛衣织得又快又好。受此启发，这位经理便专门雇用了盲人来暗室从事胶片拼接工作。结果正常人在暗室中每小时只能拼接126个胶卷，而盲人每小时可拼接169个，且正品率大为提高。GAF公司由此名利双收：既提高了暗室工作效率，又博得了发展残疾人事业的好评。

导读：

运用缺点列举思维方法来列举事物的缺点，是为了更好地确定现有事物和既有产品可知分析和可供改进的地方。寻找缺点是创新的一块跳板。在普通人看不到缺点的地方找到缺点，在普通人认为没有问题的地方发现问题，这本身就意味着在创新的起跑线上占得先机。

（六）检核思维方法

检核思维是一种激励创造性的、简单易行的创新思维方法。这种方法的步骤是：首先根据大量的实践经验，总结概括出一系列有价值问题的检核表；然后在创造发明过程中，根据需要解决的问题，参照表中列出的项目，运用丰富的想象力，一个一个地核对论证，从而获得创造性的设想。这种方法能把创新思路科学化和系统化，克服那种漫无边际的、没有目标的乱想，节约创新实践，有效地帮助人们突破旧框框、闯入新境界。检核表法适用于任何类型和场合的创新活动，因此，享有创造技法之母的称号。目前，最著名、最典型的是美国的奥斯本检核表法，又称奥斯本法。这种方法应用范围很广，简单易行，行之有效，深受欢迎。奥斯本检核表法按具体内容可概括为九组：他用—借用—改变—取代—放大—缩小—调整—颠倒—组合。当科学家和科技工作者在探索中感到山重水复疑无路时，若能灵活运用九组奥斯本检核表法，往往能创造出柳暗花明又一村的新境界，使他们的创新思路豁然开朗，形成创造性思维，取得突破性创新成果。

小故事：

我们最古老的医学《内经》记载，有个患头痛病的农夫，一天上山砍柴时，因头痛病发作，头昏脑涨之际，不慎碰破了脚趾，头却因此不疼了，农夫当时并没在意。有一次他的头痛病又犯了，无意间，再次碰破了原先的伤口，头又不痛了。所谓重复即规律。这两次现象引起了农夫的注意，头痛应该医脚。以后凡是头痛，他都会去刺破这个脚趾，并且次次见效。农夫的经历引起了人们的关注，经过无数人的艰苦探索和长期实践，终于创立了名扬四海的中医经络学说。根据中医学说的解释，人体是一个各部位、各系统都有内在联系的有机整体。经过循环纵贯人体上下，并左右交叉和内外交叉。因此，中医及其各分支学科都有方位的对应救治主张：上病下治，下病上治；左病右治，右病左治；外病内治，内病外治等。此外还有冬病夏治、夏病冬治等说法。

导读：

检核思维是一种强制性思维，它能突破不愿意提问或不善于提问的心理障碍。在思考问题过程中提问，尤其是提出有创意的新问题，本身就是一种思维创新。检核思维也是一种多向性的思维，广思以后再进行深思和精思，这是创新思维的发展规律。由于思维惯性和惰性的关系使然，人们很难对同一问题从不同方向和角度去思考，这就给广思造成障碍，而运用检核思维方法，可以在一定程度上帮助人们进行有效的广思。

（七）信息交合思维方法

信息交合是一种在信息交合中进行创新的思维技巧，即把物体的总体信息分解成若干个要素，然后把这种物体与人类各种实践活动相关的用途进行要素分析。把两种信息要素用坐标法连成X轴与Y轴，两轴垂直相交，构成信息反应场，每个轴上各点的信息可以依次与另一轴上的信息交合，从而产生新的信息。

（八）反差思维方法

追求与众人、前人有所不同的独具卓识的思维品质，是获取新颖性创新成果的重要保证。新观点、新思想、新理论常常从求异的争辩中产生，打破人们长期以来养成的求同存异的思维定式。敢于怀疑前人的结论和见解，敢于发前人所未发，敢于标新立异，始终把思维当成一个求异而常新的开放系统。

小故事：

从1908年开始，美国人可以以极便宜的价格买到一辆汽车，这就是福特的T型汽车。这种黑色、实用的小汽车风靡美国，占据了一半以上的市场。福特也因此认为自己的优势不可撼动。但出乎意料的事，通用汽车公司生产出了彩色的汽车，并迅速在市场上走红。到1927年，福特不得不关闭了T型汽车生产线。

导读：

福特固守自己的黑色轿车，拱手将市场让给了其他企业。市场永远是喜新厌旧的，永远是追求变化的。创新思维寻求的是与众不同。这种不同不一定是巨大的变化，重要的是与自己的参照对象形成差异化。

（九）联想思维方法

联想就是由一事物想到另一事物的心理现象。这种心理现象不仅在人的心理活动中占据重要地位，而且在回忆推理、创造过程中也起着十分重要的作用。许多新的创造都来自人们的联想。联想思维是指在人脑内记忆表象系统中由于某种诱因使不同表象发生联系的一种思维活动。在创新过程中运用概念的语义、属性的衍生、意义的相似性来激发创新思维，联想思维是打开沉睡在头脑深处记忆的最简便和最便宜的钥匙。

联想可以在特定的对象中进行，也可以在特定的空间中进行，还可以进行无限的自由联想，而且这些联想都可以产生出新的创造性设想，获得创造性的成功。我们还可以从联想的不同类型，发现不同的联想方法，去进行发现、发明和创造。联想的方法一般为对比联想、相似联想、接近联想和强制联想。

小故事：

1914年9月，英法联军与德军在巴黎北部马恩河附近西线战场发生了一次大会战。英法联军骁勇善战，德军被迫撤退。而后双方开始构筑隐蔽的防御工事和地下指挥部，在此期间，双方人员深居简出，各自加强了侦查工作。11月下旬，德军侦察兵观察到在英法阵地上有一只漂亮的小猫，这只小猫基本上每天上午八九点钟都懒懒地躺在一块坟地上晒太阳。德军据此判断这是一只家猫，根据坟地周围没有农舍，猫主人的安身之处应该是地下；而战争期间带猫上战场的绝不会是一般的下级军官，因此判断坟地下面必定是一个高级地下指挥部。随即，德军迅速调集了6个炮兵营向这块坟地猛轰，整个坟场瞬间被夷为平地。事后查明这是英法联军的一个旅指挥部。炮火的袭击使隐蔽在地下指挥部的将士全部阵亡。

导读：

从一只猫联想到敌人的隐蔽部，关键在于其活动与环境的反差，从而德国侦察兵揣测地下有隐蔽的人。创新思维具有由此及彼的联想力，这种联系有两个方向：一个是看到一种现象特别是反常现象，就向纵深思考，寻求其本质；另一个是看到一种现象，就联想到与其相似或相关的事物。

五、企业家创业精神

美国管理学者斯蒂芬·罗宾斯将企业家创业精神定义为，一个人或一群人在承担风险的情况下投入时间和金钱，通过创新追求价值创造和成长机会的过程，而不管资源的控制如何。对这个概念理解如下。

1. 是一个过程

企业家“创业精神”被定义为一个过程。在这一过程中，企业家丝毫不顾自己有多少资源，只是不断追求机会，并通过创新来满足需求与愿望。

2. 对机会的追求

我们把富有“创业精神”的企业家称为“创业家”，创业家创立的企业称为创业型企业。创业家必须把握好对创业环境的分析和对可能的机会及潜在的竞争优势的识别。

（1）分析创业环境。创业环境包括政治法律环境、经济环境、社会文化环境和技术环境等，关注创业环境是十分重要的，因为它们决定了“游戏规则”以及成功所需要的决策和行动。

（2）识别机会和潜在的竞争优势。寻求机遇是创业精神的一个重要方面。一旦创业家对创业环境进行了研究，并且识别了创业机会和潜在的竞争优势，他们就必然会着眼于将自己的冒险计划付诸实施。

3. 创新

要想描述创业家在做什么不是一件容易和简单的事情。找不出两位创业家的工作是完全一样的。一般来说，创业家创造的是新的、不同的东西。他们寻求变革，响应变革，开展变革。

面对动态多变的环境影响，创业家要有创新的意识、创新的勇气，找到创业的“金点子”——创意。之后开始进行新创事业的计划工作，即提供一份思考缜密的创业计划书。一旦新创事业运作起来，创业家就必须将注意力转移到公司的管理上，实行管理创新，充分利用独具的创造力，追求创新成果。

4. 成长

创业型企业与小企业不是一回事，两者之间有着重要的区别。小企业不一定是创业型企业，许多小企业管理者也不是创业家，他们不具有创业精神。创业型企业开始时可能很小，但它们会寻求发展。小企业也许会成长，但多数会因为过于谨慎或疏于管理而维持现状。

内部创业可能永远也不会克服现实创业过程中的自主性及其风险，因为内部创业发生在一个大企业的内部。

自学测试

一、单选题

1．创新的概念最早是由美籍奥地利经济学家（　　）首先提出的。他在1912年出版的《经济发展理论》一书中第一次阐述了创新的定义。

A．泰罗　　B．法约尔　　C．熊彼特　　D．西蒙

2．下列选项中，不属于创新活动的是（　　）。

A．设备的更新改造　　B．产品的开发

C．质量的检验　　D．工艺的改进

3．现代管理者素质的核心能力是（　　）。

A．创新能力　　B．计划能力

C．协调能力　　D．指挥能力

4．改变人们对某种事物错误的、过时的、不利于实践的既定看法和思维模式，换一个新的角度，得出一个新的结论或新的观点，从而采取新的态度和方法进行管理实践的活动是（　　）。

A．自主创新　　B．观念创新

C．制度创新　　D．市场创新

5．对成功创新需要经历的几个阶段排列顺序正确的是（　　）。

A．提出构想、寻找机会、迅速行动、忍耐坚持

B．寻找机会、提出构想、迅速行动、忍耐坚持

C．提出构想、寻找机会、忍耐坚持、迅速行动

D．忍耐坚持、寻找机会、提出构想、迅速行动

二、多选题

1．创新具有以下特点（　　）。

A．新颖性　　B．价值性

C．风险性　　D．系统性

E．独立性

2．企业的技术创新主要表现在（　　）。

A．目标创新　　B．制度创新

C．要素创新　　D．要素组合方法的创新

E．产品创新

3. 就组织外部而言，有可能成为创新契机的变化主要有以下四个方面（　　）。

A. 技术的变化　　B. 人口的变化

C. 宏观经济环境的变化　　D. 文化与价值观念的转变

E. 经营中的“瓶颈”

4. 创新实践的步骤：（　　）。

A. 寻找机会　　B. 提出构想

C. 迅速行动　　D. 坚持不懈

5. 下列属于创新思维方法的有（　　）。

A. 水平思维方法　　B. 发散思维方法

C. 收敛思维方法　　D. 逆向思维方法

E. 缺点列举思维方法

三、判断题

1. 技术创新是创新的核心内容。（　　）
2. 管理创新，就是仅仅根据外部环境的变化，不断创造出新的管理制度、新的管理方法、新的工艺方式和新的市场等。（　　）
3. 创造和运用体现现代进步的新思想、新方法处理现实问题的过程属于观念创新。（　　）
4. 在现有的生产和生活环境条件下，通过创设新的、更能有效激励人们行为的制度、规范体系来实现社会的持续发展和变革的创新属于文化创新。（　　）
5. 对组织长远发展的全局性的谋划创新属于战略创新。（　　）

四、简答题

1. 创新的特征有哪些？
2. 管理创新的内容是什么？
3. 举例说明管理创新的流程。
4. 我国企业管理创新的发展趋势是什么？
5. 如何运用创新理论和方法管理你的学习、生活和工作？

课中实训

实训一 创新思维训练

任务1 增强创新意识训练

一、实训目的和要求

（1）理解创新意识是进行创造性活动的出发点和内在动力。

（2）了解阻碍创新的因素。

（3）掌握增强创新意识的方法。

（4）了解创新在企业管理中的重要作用。

二、项目设计

一个回形针能值多少钱？它能干什么？26岁的加拿大男子卡尔告诉你他如何利用一枚红色的大号回形针，开始与人交换，经历了鱼形钢笔、陶瓷门把手、烤炉、发电机、百威啤酒桶、雪地车换到唱片合同，最终从一名落魄歌手那里，没花一分钱，用这份唱片合同换回一套双层公寓一年的使用权。在这个故事里，回形针不过是个道具罢了，不是回形针也可以是一根小铁钉或是一张白纸。

今天我们就是要让回形针做主。一个小小的回形针，你能想到它有多少用途吗？有些用途说出来可能天马行空，但也许某天真能派上用场。

三、实训步骤

（1）教师将学生分成若干小组，每个小组建议4～6人，并给各组发放课题报告册。

（2）教师告诉小组所有成员头脑风暴的基本准则，学生不得违反：

①不允许有任何批评的意见。

②欢迎异想天开，想法越离奇越好。

③我们所要求的是数量而不是质量。

④我们寻求各种想法的组合和改进。

（3）教师告诉学生，请各组采用头脑风暴法，在1分钟内尽可能多地想出回形针的用途。

（4）每组指定一人负责记录想法的数量，而不是想法本身。

（5）在1分钟后，请各组汇报他们所想到的创意的数量，然后选出其中最疯狂的或最激进的创意。

（6）上述过程结束后，教师给各组提供讨论题，让学生完成，并提交报告。

（7）参考论述题：

①当你在进行头脑风暴时，还存在一些什么样的顾虑？

②你认为头脑风暴法适合于解决哪些问题？

③你现在能想到的在工作中可以利用头脑风暴法的地方有哪些？

四、训练效果评价（表7-1）

表7-1 增强创新意识评价评分表

考评人		被考评小组	
小组成员			
考评内容	增强创新意识		
考评标准	考评点	分值	
	创意数量是否足够多	20	
	创意是否具有实用性	15	
	是否具有创新的意识	20	
	创意是否具有突破性	15	
	对头脑风暴法的理解和运用	10	
	课题报告册的完整性	10	
	组员讨论的参与度	10	
合计		100	

注：评分满分 100 分，60 ~ 70 分为及格，71 ~ 80 分为中等，81 ~ 90 分为良好，91 分以上为优秀。

任务2 营销创新能力训练

一、实训目的和要求

（1）理解营销创新的重要性。

（2）提高营销创新的意识和能力。

（3）掌握营销创新的基本方法。

（4）了解营销创新的基本内容。

二、项目设计

某手机生产厂商，详细调查了中国手机行业发展的现状，认为随着第五代移动通信5G牌照发放工作的启动，我国正式进入5G时代。5G发牌后，将会形成一条包括5G网络建设、终端设备制造、运营服务在内的通信产业链，对扩大内需，刺激经济产生重要作用。预期未来5年内能将8亿用户发展为5G用户。为此，该企业在传统的4G手机设计的基础上，希望能在功能、款式、外形、细分市场上进行大胆创新和变革，为5G手机的开发做准备。

三、实训步骤

（1）教师将学生分成若干组，每组建议人数不超过8人。

（2）教师给每组发放课题报告册和课题讨论记录表。

（3）每个组即成为该企业产品研发部门的项目组，负责5G手机的研发。每个项目组独立完成新产品研发，并提交简单的设计方案供企业选择。最终被采纳的小组将获得企业颁发的特别创新奖。

（4）每个组可采用任何方式推举一名组长，作为该组产品研发期间的协调人。

（5）给各组40分钟的时间，要求各组对现有4G产品进行改进或创新，设计一款5G手机，并对所设计的手机及营销方案进行详尽的介绍，内容包括：名称、目标群体、成本、外形、功能、卖点、广告及预算等。

（6）完成后，要求各组用8～10分钟介绍自己的成果，并由教师评判，即以最少的成本做出最好的创意。

（7）在引导学生完成训练和评价的过程中，要注意以下几个问题：

①创意的产生通过什么样的途径？

②创意是否已经构建了完善、合理的组织结构？

③各部门的职责是否清晰？

④创意是否具有创新性？能否产生经济效益？

（8）请组员利用课余时间完善课题报告册。

四、训练效果评价（表7-2）

表7-2 营销创新能力评价评分表

考评人		被考评小组	
小组成员			
考评内容	营销创新能力		
考评标准	考评点	分值	
	创意的来源是否有效	20	
	创意是否具有市场价值	15	
	是否具有完整的营销组织结构	20	
	各部门成员在创新过程中的角色	15	
	是否在品牌产品设计等方面具有创新意识	10	
	课题报告册的完整性	10	
	组员讨论的参与度	10	
合计		100	

注：评分满分100分，60～70分为及格，71～80分为中等，81～90分为良好，91分以上为优秀。

实训二 创新团队训练

任务 创新团队训练

一、实训目的和要求

（1）理解团队在企业管理中的作用。

（2）理解管理者不同的工作作风对团队的影响。

（3）了解不同部门之间协调的方法。

（4）掌握促进团队提升的技巧和方法。

二、项目设计

场景一：

某公司有两位从技术岗位提升到管理职位的年轻管理者：A和B。三个月后，A和B都非常好地解决了部门的技术问题，而且A似乎更突出。但半年后，A发现问题越来越多，自己越来越忙，但下属似乎并不满意，觉得很委屈。B却得到了下属的拥戴，部门士气高昂，以前的问题都解决了，还搞了一些新的发明。

A的做法是：觉得自己责任重了，技术进步日新月异，部门中又有许多技术问题没有解决，很有紧迫感，每天刻苦学习相关知识，钻研技术文件，加班加点解决技术问题，他认为，问题的关键在于他是否能向下属证明自己在技术方面是如何出色。

B的做法是：……。

场景二：

兴发公司主要做工业品设计服务，它的运作模式为：销售部门接触市场和用户，据此提出新产品的建议，让研发部门开发；研发部门设计新产品，交给生产部门生产，让销售部门销售，而销售部门和产品研发部门往往存在着矛盾。

研发部门拿到销售部门的意见、建议时说：这些人什么都不懂，就懂市场，他们根本不懂技术。不知道产品有一定的技术规则。

销售部门说：研发部门根本不懂市场，搞出来的东西一点也不能方便顾客。

三、实训步骤

（1）教师首先将学生分成两组，每组确定组长一名。

（2）组长采用自己的方式在本组内产生记录员、发言人各一名，并征得组员认可。

（3）教师随即把两个场景分配给两个小组，每个小组负责研究一个场景。同时，教师需要将课前准备好的课题报告和课题讨论记录稿发放给各小组。

（4）组长组织组内成员研究各自的场景课题。教师可以事先提供几个问题，供组员参考，但也应当让组员自我发现问题和提出问题。

场景一参考问题：

①A的做法对他部门成员会产生什么影响？

②B可能的做法是什么？

③如果你是领导者，你喜欢怎样的管理者？

场景二参考问题：

①这种现象常见吗？在我们的生活、学习中有没有类似的情况？

②研发部门和销售部门之间的矛盾该如何化解？

③既然研发部门和销售部门之间存在矛盾，那么企业内还有哪些部门可能与研发和销售部门存在矛盾？

（5）完成后，各组分别派出发言人提出各自的研究成果。一组发言时，另一组可以以咨询顾问的身份来提问并评价。一组发言完成后，另一组发言，角色互换。

（6）各组利用课余时间完成两份作业：一份是自己组的课题报告；另一份是作为咨询公司顾问的身份，对另一组所研究的课题提出自己的诊断报告，并提出创新团队建设方面的建议。

四、训练效果评价（表7-3）

表7-3 创新团队评价评分表

考评人		被考评小组	
小组成员			
考评内容	创新团队建设		
考评标准	考评点	分值	
	对团队认知的程度	20	
	各组产生记录员和发言员的程序是否合理	15	
	对创新团队建设方面的措施是否可行	20	
	诊断报告的科学性	15	
	讨论记录稿的完整性	10	
	课题报告册的完整性	10	
	组员讨论的参与度	10	
合计		100	

注：评分满分100分，60～70分为及格，71～80分为中等，81～90分为良好，91分以上为优秀。

实训三 管理创新训练

任务1 创新组织与制度设计训练

一、实训目的和要求

（1）了解企业组织与制度设计的基本原理。

（2）理解创新组织与制度设计的必要性。

（3）掌握团队沟通和协作的技巧。

（4）掌握创新组织与制度设计的方法。

二、项目设计

有一个博士生和两个硕士生不满足他们的现状，决定一起设计属于他们自己的未来，创造属于他们自己的事业，于是他们共同辞掉了各自的工作，一起筹备了一家公司。公司的创办是艰难而又充满乐趣的。在这个阶段，大家是以一种共同创业的精神来合作的，每个人都把公司当作自己的事业来看待。在公司成立后的半年左右，企业业绩开始呈现了快速增长的状态，但是就在这个时候，矛盾开始出现了，除了关于企业发展战略的问题外，利益分配问题开始影响彼此的合作，有人开始觉得自己的付出和回报并不对等。虽然和他们原来公司的收入相比，每个人的收入都有了很大幅度的提高，但是，正如其中一个所说，他们需要彼此的平等。一位副总认为自己在创业中付出和贡献是最大的，但没有得到应有的回报；而另一位则认为自己的能力是最强的。总之，原来非常融洽的合作氛围开始逐渐丧失。在第二年的4月，其中一位终于脱离了公司，准备寻找新的合伙人创办属于他个人的事业，而另一位被一家猎头公司看中，跳槽进入了一家外资企业。

三、实训步骤

（1）首先教师随机把学生分成若干组，每组建议4～6人。

（2）教师帮助大家回顾企业组织与制度的相关知识，并为每组同学准备讨论记录稿和最终的课题报告册。

（3）给每组20分钟的时间，组内3名成员分别扮演企业创业初期的三名创业者，分别是博士生A，硕士生B和硕士生C，假定现在三人在召开会议，决定年终分红事宜，三人在会上争论不休，各自提出有利于自己的分红方案。请组内其他成员认真听他们三人的争辩，并用讨论记录稿作记录，说明每个人的观点和方案是说明组织中哪些制度需要修订完善。

（4）再给每组成员10分钟的时间，讨论并评价三人所提出的分配方案，同时思考以下问题。各组要根据组内讨论的情况在讨论记录稿中记录（以下问题仅供参考）。

①企业创业初期成功的原因。

②创业者在企业成功后为什么会产生矛盾？

③该企业公司文化如何？文化对企业发展有何作用？

④在合伙企业的薪酬设计上有何可借鉴的做法？

（5）请各组成员利用课题时间完成最终的课题报告册。

（6）重新设计企业的组织结构，并说明新的组织结构如何克服现有的矛盾。

（7）对企业的薪酬制度提出建议并设计。

（8）对企业文化建设方面能否提出一些可行的建议或做法。

四、训练效果评价（表7-4）

表7-4 评价评分表

考评人		被考评小组	
小组成员			
考评内容	创新组织与制度设计		
考评标准	考评点	分值	
	组织与制度设计的创新性	20	
	组织与制度设计的可操作性	15	
	企业文化建议的创新性	20	
	企业文化建议的可操作性	15	
	讨论记录稿的完整性	10	
	课题报告册的完整性	10	
	组员讨论的参与度	10	
合计		100	

注：评分满分100分，60～70分为及格，71～80分为中等，81～90分为良好，91分以上为优秀。

任务2　创新企业文化训练

一、实训目的和要求

（1）掌握企业文化的作用。

（2）了解企业文化的内涵。

（3）了解企业文化建设的基本方法。

（4）了解企业文化具体的表现形式。

二、项目设计

小王是一家广告公司的市场专员，工作岗位是她自己喜欢的，薪水也不菲，但是她还是有很多抱怨：公司在表面上似乎很重视文化，定期地为员工过生日，遇到节日也会有热闹的聚会，但所有的这些都只是表面现象。在员工的福利方面，公司表现得非常苛刻，加班从来都不会给加班费，最多只照顾一顿晚餐。可以说公司宣扬文化是一回事，但是在具体行事上又是另一回事。此外，虽然每个部门内部员工之间的配合可以做得很好，但如果要在每个部门抽取一个人，组成一个新项目的战斗队伍，战斗力就会变得非常弱。

三、实训步骤

（1）教师事先将学生分成若干组，每组2～3人。

（2）教师给每组发放课题报告册，并要求每组自行确定组长、联络员、记录员。

（3）每组根据场景设置，按照教师要求走访本区域内的企业，了解不同企业在企业文化建设方面的措施和方法，并要求每组提供音、视、图文资料。

（4）利用课堂时间，按每组给8～10分钟时间交流自己走访的结果，并介绍自己走访的企业在企业文化建设方面创新的做法。

（5）各组根据交流的信息，各自重新按照一定的标准，对企业文化建设的方法和措施进行归纳和总结。

（6）各组利用课余时间完成课题报告册。要求对小王所在公司的企业文化建设方面提供一整套设计方案，并对小王的困惑给予建议。

（7）教师可以根据场景设置的情景事先给各组一系列问题，以下问题仅供参考：

①该公司企业文化建设方面已经采取了哪些措施？

②该公司已经采取的措施是否可以延续？

③作为一家广告公司的管理者，你觉得什么样的企业文化适合该行业？

④如果你是广告公司的管理者，你觉得在企业文化建设方面的投入是否越大越好？

四、训练效果评价（表7-5）

表7-5　创新企业文化评价评分表

考评人		被考评小组	
小组成员			
考评内容	创新企业文化		
考评标准	考评点	分值	
	对企业文化的内涵的把握	20	
	调研的深入性	15	
	对企业文化表现形式的理解	20	
	企业文化建设措施的创新性	15	
	建议的可操作性	10	
	课题报告册的完整性	10	
	组员讨论的参与度	10	
合计		100	

注：评分满分100分，60～70分为及格，71～80分为中等，81～90分为良好，91分以上为优秀。

实训四 创业策划训练

任务1 商业模式创意训练

任务描述：以小组为单位选择一个行业，每个组员选择行业中的一家中小微企业，调研其运营的商业模式，运用创新思维的工具与方法构思创新的商业模式。请将研究成果做成展示PPT，并将要点记录在表7-6中。

表7-6 商业模式创意

研究项目	研究结果
行业名称	
企业名称	
主营业务范围	
现行商业模式	
商业模式创意1	
商业模式创意2	
商业模式创意3	
商业模式创意4	
商业模式创意5	

任务2 创业策划文案训练

任务描述：以小组为单位选择一个行业，根据行业环境分析，拟定成立创业公司，初步制定创业计划书。请将研究成果做成展示PPT，并将要点记录在表7-7中。

表7-7 创业策划文案

研究项目	研究结果
创业公司简介	
项目背景	
产品简介	
技术简介	

续表

研究项目	研究结果
市场环境分析	
商业模式选择	
营销策略	
风险分析	

训练效果评价

考核评价内容如表7-8所示。

表7-8　创业策划能力考核评价表

内容		评价	
学习目标	评价内容	个人评价 （5、4、3、2、1）	小组评价 （5、4、3、2、1）
应知应会知识	管理创新的内容		
	管理创新的流程		
	创新思维的工具与方法		
	创业策划书文案结构		
专业能力	创新商业模式		
	创新营销策略		
	撰写策划文案		
通用能力	开拓创新思维		
	勇于挑战自我		
态度	具有企业家创业精神		
努力方向：		建议：	

复盘反思

1．知识盘点：通过创新与创业模块的学习，你掌握了哪些知识点？请画出思维导图。

2．方法反思：完成本模块学习和实训的过程中，你学会了哪些分析和解决问题的方法？

3．行动影响：在完成本模块学习和实训的过程中，你认为自己还有哪些地方需要改进？

实训模块评价

技能点评价

使用说明：

按技能点评价指标评定成绩，满分为100分。其中，各训练任务中技能点为60分，展示陈述为40分。教师评价占比为60%，学生互评占比为40%。

技能点评价指标		分值	得分
创新与创业能力	是否具有创新的意识	10	
	提出创意的数量是否足够多	10	
	创意是否具有实用性	10	
	团队创新建设方面的措施是否可行	10	
	创业策划文案内容全面性	10	
	创业策划文案内容操作可行性	10	
展示陈述	专业知识综合运用程度	10	
	视听觉辅助工具使用程度	10	
	团队合作	5	
	语言技巧	5	
	非语言技巧	5	
	时间分配	5	
合计得分			

素质点评价

使用说明：

按素质点评价指标评定成绩，按优秀为5分、良好为4分、一般为3分、合格为2分、不合格为1分五个等级评价，分为学生自评与小组成员互评。

素质点评价指标		得分	平均分
自评	团队合作精神和协作能力：能与小组成员合作完成项目		
	交流沟通能力：能良好表达自己的观点，善于倾听他人的观点		
	信息素养和学习能力：善于搜集并借鉴有用资讯和好的思路想法		
	独立思考和创新能力：能提出新的想法、建议和策略		

续表

素质点评价指标		得分	平均分
组员 1	团队合作精神和协作能力：能与小组成员合作完成项目		
	交流沟通能力：能良好表达自己的观点，善于倾听他人的观点		
	信息素养和学习能力：善于搜集并借鉴有用资讯和好的思路想法		
	独立思考和创新能力：能提出新的想法、建议和策略		
组员 2	团队合作精神和协作能力：能与小组成员合作完成项目		
	交流沟通能力：能良好表达自己的观点，善于倾听他人的观点		
	信息素养和学习能力：善于搜集并借鉴有用资讯和好的思路想法		
	独立思考和创新能力：能提出新的想法、建议和策略		
组员 3	团队合作精神和协作能力：能与小组成员合作完成项目		
	交流沟通能力：能良好表达自己的观点，善于倾听他人的观点		
	信息素养和学习能力：善于搜集并借鉴有用资讯和好的思路想法		
	独立思考和创新能力：能提出新的想法、建议和策略		
组员 4	团队合作精神和协作能力：能与小组成员合作完成项目		
	交流沟通能力：能良好表达自己的观点，善于倾听他人的观点		
	信息素养和学习能力：善于搜集并借鉴有用资讯和好的思路想法		
	独立思考和创新能力：能提出新的想法、建议和策略		
组员 5	团队合作精神和协作能力：能与小组成员合作完成项目		
	交流沟通能力：能良好表达自己的观点，善于倾听他人的观点		
	信息素养和学习能力：善于搜集并借鉴有用资讯和好的思路想法		
	独立思考和创新能力：能提出新的想法、建议和策略		
总评得分			

课后拓展

参观走访

训练项目 企业管理创新调查

【实训目标】

1. 培养企业创新管理的能力。
2. 初步具备创新思维的能力。

【实训内容与方法】

1. 以小组为单位，选择1～2个中小企业进行调查与访问。

2. 在调查访问之前，每个小组需要根据所学知识，并经过讨论制定调查访问的提纲，包括调研的主要问题与具体安排。具体内容可参考下列问题：

（1）调查企业生产经营基本概况。

（2）企业管理创新体现在哪些方面。

（3）收集企业市场创新的信息。

（4）分析企业制度创新的流程。

（5）企业文化创新体现在哪些方面？并作简要分析。

3. 调查访问结束后，小组成员组织一次交流与讨论。

【标准与评估】

1. 标准：必须到真实企业中做实地调查，并能运用管理创新的内容和流程进行分析。

2. 评估：（1）每人写一份简要的调查访问报告。（2）以小组为单位，分别由小组负责人根据每个成员在调研中的表现进行评估打分。（3）对各小组的调查报告及其成员在讨论中的表现分别评估打分。

管理辩论

题目 在校大学生创业利弊

正方：在校大学生创业利大于弊

反方：在校大学生创业弊大于利

【实训目标】

1. 理解企业家创业精神。
2. 培训学生的创新创业能力。
3. 初步掌握创新思维的工具和方法。
4. 锻炼口才和反应能力。
5. 锻炼团队的组织和协作能力。

【实训内容】

1. 论述创新创业理论的应用。
2. 论述创业者具备的素质和技能。
3. 探讨创业精神。

【方法与要领】

1. 分正方与反方两组，全班可分为若干小组进行组合。

2. 每个小组推荐4名辩手并依次排序第一辩手、第二辩手、第三辩手、第四辩手，角色分工：1辩陈述观点、2辩3辩自由辩论、4辩总结观点。

3. 正方论述在校大学生创业利大于弊。

4. 反方论述在校大学生创业弊大于利。

5. 正反双方在辩论中，既要回答对方的提问，也要向对方提出疑难问题，要求对方解答。

6. 坚持理论与实践相结合，做到举例鲜明生动，正反双方都要形成书面辩论资料呈给老师或者评委。

【成绩测评】

由教师、学生或者邀请企业领导者评论辩论的结果。

管理游戏

管理小游戏：搭建导航塔

【训练目的】

（1）通过建造一座导航塔，充分地促进学生创新思维的发挥。

（2）培养团队合作精神。

【材料用具】

纸杯，报纸，透明胶带，吸管，橡皮筋，剪刀。

【训练时间】

实训时间80分钟。

【规则程序】

（1）将全体成员分成6～8人一组，分发所有道具。

（2）每个小组的任务是建造一座导航塔，越高越好。

（3）分发道具后，宣布每个小组要充分发挥创新意识来建造这座塔。

（4）注意：所建造的塔最后要接受其他组的考验，以吹不倒并且最高为胜利。

【考核标准】

搭建的导航塔坚固、美观、有创意的小组获胜。

【问题讨论】

（1）在建造塔的过程中，你们组有没有想出什么绝妙的点子，可以让塔垒得更高？

（2）你的组是如何工作的？为什么你们的塔最低？别人是怎么做到的？

（3）从导航塔本身而言，你获得了哪些创新思维方面的启示？

（4）你在团队中是观望者、倡议者、追随者还是领导者？

【个人感悟】

管理技能测试

测试　创新意识测试

请完成以下测验，检测自己是否具备创新意识。如果符合你的情况，请回答“是”，不符合请回答“否”，拿不准则回答“不确定”。

（1）你认为那些使用古怪和生僻词语的作家，纯粹是为了炫耀。

（2）无论什么问题，要让你产生兴趣，总比让别人产生兴趣要困难得多。

（3）即使是十分熟悉的事物，你也常用全新的眼光看待它。

（4）你常常凭直觉来判断问题的正确与错误。

（5）你善于分析问题，但不擅长对分析结果进行综合、提炼。

（6）你审美能力较强。

（7）聚精会神工作时，你常常忘记时间。

（8）你做事总是有的放矢，不盲目行事。

（9）你的兴趣在于不断提出新的建议，而不在于说服别人去接受这些建议。

（10）你喜欢那些一门心思埋头苦干的人。

（11）你不喜欢提那些显得无知的问题。

（12）你特别关心周围的人怎么评价自己。

（13）对周围的新事物感到好奇，一旦产生兴趣就很难放弃。

（14）你认为按部就班，循序渐进才是解决问题最正确的方法。

（15）你关心的问题是“是什么”，而不是“为什么”。

（16）你总觉得自己还有潜力。

（17）你不能从他人的失败中发现问题、吸取经验和教训。

（18）你对工作过于热情，当一项工作完成之后总有兴奋感。

（19）遇到问题能从多方面探索它的可能性，而不是拘泥于一条死路。

（20）你认为，如果你打破固有的理念、行为方式、秩序或者体制，就不能建立更好的模式。

【测试结论】

评分标准如表7-9所示。

表7-9 创新意识测试评分表

题号	“是”评分	“否”评分	“不确定”评分
（1）	1	2	0
（2）	0	4	1
（3）	3	1	0
（4）	2	1	0
（5）	3	0	1
（6）	1	2	0
（7）	1	2	0
（8）	0	2	1
（9）	2	0	1
（10）	0	2	1
（11）	0	3	1
（12）	0	2	1
（13）	2	1	0
（14）	0	3	1
（15）	0	2	1
（16）	3	0	1
（17）	0	3	1
（18）	2	1	0
（19）	3	0	1
（20）	0	3	1

测试结果：

得分36分以上：说明被测试者是一个具有很强创新意识的人，有着将思考结果加以实现的能力。如果被测试者已经有所成就，要戒骄戒躁；如果暂时还没有成就也不用着急，只要努力总会在某些方面崭露头角。这一类人群适合从事环境较为自由，没有太多约束，对创新有较高要求的职位，如装潢设计、工程设计、软件编程等。

得分22～35分：说明被测试者的创新意识一般，对事物判断讲究现实，习惯采用现有的方法与步骤来思考和处理问题，很难有较大的创新成就。思维灵活性是创新的基础，被测试者可以尝试做一些培养创新意识的训练。这一类人群适合从事管理、市场营销等方面的工作。

得分22分以下：说明被测试者缺乏创新意识，比较循规蹈矩，做事一板一眼，一丝不苟，而且凡事讲究原则，遵守制度。这一类人群适合从事对纪律性要求较高的职位，如会计、质量监督员等。

参考文献

[1] 杨清华，杨芸伊．管理实务教程 [M]．2版，北京：北京大学出版社，2017.

[2] 王栓军．管理学基础 [M]．北京：北京邮电大学出版社，2012.

[3] 张晓红，金宏星．品牌策划与推广实战 [M]．北京：人民邮电出版社，2020.

[4] 潘栋梁．管理学原理 [M]．北京：现代教育出版社，2012.

[5] 覃家君．新编管理学基础 [M]．北京：北京邮电大学出版社，2012.

[6] 刘正安，陈波，李爱媚．管理学项目化教程 [M]．北京：中国商务出版社，2018.

[7] 单凤儒．管理学基础实训教程 [M]．北京：高等教育出版社，2014.